Reihe *Unterricht im Dialog*
Herausgegeben von Erwin Krottenthaler (Literaturhaus Stuttgart)

Timo Brunke

Lust auf Sprache!

40 Stunden Wort und Spiel im Jahresverlauf Klasse 5

literaturhaus stuttgart

Klett | Kallmeyer

Unter **www.friedrich-verlag.de** finden Sie Materialien zum Buch als Download.
Bitte geben Sie den achtstelligen Download-Code in das Suchfeld ein:
d31816as

Die Fotos für diese Publikation entstanden im Unterricht an der Uhlandschule in Stuttgart-Rot.

Bibliografische Information der Deutschen Nationalbibliothek
Die Deutsche Nationalbibliothek verzeichnet diese Publikation in der Deutschen Nationalbibliografie; detaillierte bibliografische Daten sind im Internet über http://dnb.d-nb.de abrufbar.

Impressum

Timo Brunke
Lust auf Sprache!
40 Stunden Wort und Spiel im Jahresverlauf Klasse 5
In der Reihe *Unterricht im Dialog* herausgegeben von Erwin Krottenthaler

1. Auflage

Friedrich Verlag GmbH
Luisenstraße 9
D-30159 Hannover

www.friedrich-verlag.de

Redaktion: Daniela Brunner, Korschenbroich
Fotos: Peter Frommann, Ostfildern
Abbildungen: Timothy Miller/ www.flaticon.com (Wolke), Payungkead/www.flaticon.com (Sessel), Mayor Icons/www.flaticon.com (Sohlen, Stecker), Freepik/ www.flaticon.com (Zielscheibe)
Umschlagabbildung: Thomas Gilke, Berlin
Druck: Zimmermann Druck + Verlag GmbH, Osemundstr. 11, 58636 Iserlohn
Printed in Germany

ISBN (Print): 978-3-7727-1816-8
ISBN (E-Book): 978-3-7727-1817-5

Einleitung: zweckfrei, sinnvoll – darum! 5

Erstes Quartal: hineingeraten

1. Runde eins – „Kennen wir uns?“ 13
Laut: „Blabb!“ mit „A“ / Sprechen & machen / WörterBilderHoppla 13
Leise: Alle gucken – gucken alle? 16
Stoff: ein schulmädchen von Ernst Jandl 16
Spiel: Apropos / Lettern würfeln Wörter 17
Übung: Wortschatz-TÖRN 1–7 19
Text: Superwort im Sprachensalon 21

2. Runde zwei – „Angenehm!“ 22
Laut: „Blabb!“ mit „Ä“, „Au“, „Äu“ / Sprechen und machen / WörterBilderHoppla 22
Leise: Alle gucken – gucken alle? / Bewegungs-TÖRN 1–7 22
Stoff: Kettenkarussell von Ingeborg Santor 23
Spiel: Apropos / Doppelwörterkönig:in 24
Übung: TÖRN Satzauflauf 1–7 & Aktiv, Passiv, Wo 24
Text: Superwort im Sprachensalon 25

3. Runde drei – „Find ich gut!“ 25
Laut: „Blabb!“ mit „B“ und „P“ / Sprechen und machen / WörterBilderHoppla 25
Leise: Bewegungs-TÖRN 1–7 / Alle gucken – gucken alle? 25
Stoff: Wünschelrute von Joseph von Eichendorff 25
Spiel: Artikel würfeln Nomen 26
Übung: Wortschatz-TÖRN 8–14 26
Text: Papierzeitungsgedicht 27

4. Runde vier – „Machen wir!“ 28
Laut: „Blabb!“ mit „C“und zweierlei „Ch“ / Sprechen und machen / WörterBilderHoppla 28
Leise: Alle gucken – gucken alle? / Bewegungs-TÖRN 1–14 28
Stoff: „Großus Bärus“ (unbekannter Dichter) 28
Spiel: Der Dings der Dungs / Der-die-das-Spaß 29
Übung: TÖRN Satzauflauf 8–14 & Wer, Warum 30
Text: Meine versunkene Stadt 30
Alle: Wort- und Spiel-Parlament 31

5. Runde fünf – „Magst du das?“ 31
Laut: „Blabb!“ mit „D“ und „T“ / Wörtertanz 32
Leise: Alle gucken – gucken alle? / Bewegungs-TÖRN 1–14 32
Stoff: Katzen kann man alles sagen von Josef Guggenmos 32
Spiel: Plural plötzlich / Fantastische Gymnastik 33
Übung: Wortschatz-TÖRN 15–21 34
Text: Meine versunkene Stadt 34
Aufgabe: Geräusche sammeln 35
Lob: Spielkritik & Heftberatung 35

Zweites Quartal: weitermachen

6. Runde sechs – „Nichts dagegen!“ 36
Laut: „Blabb!“ mit „E“ / Sprechen und machen / Wörtertanz 36
Leise: „Horch, das Reh lauscht“ / Bewegungs-TÖRN 1–21 36
Stoff: Karawane (Zug der Elefanten) von Hugo Ball 37
Spiel: Die langweiligste Geschichte aller Zeiten / Kasus 37
Übung: TÖRN Satzauflauf 15–21 & Welche, Welches, Welcher 38
Text: Horchgedicht 39

7. Runde sieben – „Ich hab euch schon vermisst“ 39
Laut: „Blabb!“ mit „Ei“ und „Eu“ / „Sprechen und machen“ / Wörtertanz 39
Leise: „Horch, das Reh lauscht“ / Bewegungs-TÖRN 1–21 40
Stoff: Im Park von Joachim Ringelnatz 40
Spiel: Wörtliche Beschleunigung / Pronomen 41
Übung: Wortschatz-TÖRN 22–28 41
Text: Die langweiligste Geschichte aller Zeiten 42

8. Runde acht – „Wir schon wieder …“ 42
Laut: „Blabb!“ mit „F“, „Pf“ / „Sprechen und machen“ / WörterBilderHoppla 42
Leise: „Horch, das Reh lauscht“ / Bewegungs-TÖRN 1–28 43
Stoff: Schimpfonade von Hans Halbey 43
Spiel: Minischicksal / Kalt, kälter, am kältesten 43
Übung: TÖRN Satzauflauf 22–28 & Was- & Wodurch-Brimborium 44
Text: Minischicksal 45

9. Runde neun – „Kommt!“ 45
Laut: „Blabb!“ mit „G“, „H“, „K“ / „ck“ Sprechen und machen / Wörtertanz 45
Leise: „Horch, das Reh lauscht“ / Bewegungs-TÖRN 1–28 45
Stoff: Ich bin der reichste Mann der Welt! von Arno Holz 46
Spiel: Ordinal und Kardinal / Wie kam ich … 46
Übung: Wortschatz-TÖRN 29–35 47
Text: Textkindergarten 47

10. Runde zehn – „Kamera läuft, und … Action!“ 48
Laut: „Blabb!“ mit „I“und „J“ / „Sprechen und machen“ / Wörtertanz 48
Leise: „Horch, das Reh lauscht“ / Bewegungs-TÖRN 1–35 48
Stoff: Warum die Zitronen sauer wurden von H. Erhardt 48
Spiel: Wie kam ich … / Präpositionen würfeln 49

Übung: TÖRN Satzauflauf 29–35 & Wie 50
Text: Textkindergarten 50
Lob: Spielkritik & Heftberatung 50

Alle: Klassenzimmerbühne frei! 50

Drittes Quartal: dranbleiben

11. Runde elf – „Und ab! Und ob!“ 51
Laut: „Blabb!“ „K“, „ck“ und „L“ / WörterBilderHoppla / Wörtertanz 51
Leise: Bewegungs-TÖRN 1–35 / Echobus 51
Stoff: Die Kinder mit dem Plus-Effekt von Gerald Jatzek 52
Spiel: Geheimnisvolles Verkosten 53
Übung: Wortschatz-TÖRN 36–42 54
Text: Die langweiligste Geschichte aller Zeiten 54

12. Runde zwölf – „Immer wieder gern!“ 54
Laut: „Blabb!“ mit „M“ / Wörtertanz 54
Leise: Bewegungs-TÖRN 1–42 54
Stoff: „Das Frühstücksei“ v. Thomas Gsella 55
Spiel: Jens kann immer bügeln / Konjunktionen scheffeln 55
Übung: TÖRN Satzauflauf 36–42 & Wessen, Wem, Wen 56
Text: Stadtverschönerung 57
Aufgabe: Bus fahren, Geschichten sammeln ... 57

13. Runde dreizehn – „Voll intensiv ...“ 57
Laut: „Blabb!“ mit „N“ und „ng“ / Wörtertanz 57
Leise: Bewegungs-TÖRN 1–42 / Echobus 58
Stoff: Rückzug von Erich Fried 58
Spiel: Adverbienduell 59
Übung: TÖRN Satzauflauf 1–42 & Wann / Duden-Skala 59
Text: Busfahrgeschichten /Haltestellen-Hollywood 60

14. Runde vierzehn – „Geballte Ladung“ 60
Laut: „Blabb!“ mit „O“ und „Ö“ / Wörtertanz 60
Leise: Bewegungs-TÖRN 1–42 / Echobus 61
Stoff: Möwenlied von Christian Morgenstern 61
Spiel: Apropos 61
Übung: Wortschatz-TÖRN 43–49 61
Text: Heftkritik & Spielberatung 62
Alle: Wort- und Spiel-Parlament 62

15. Runde fünfzehn – „Immer wieder gern!“ 62
Laut: „Blabb!“ mit „P“, „Q“, „R“ / „Sprechen und machen“ / Wörtertanz 62
Leise: Bewegungs-TÖRN 1–49 / Echobus 62
Stoff: Ich hätte einen Vogel von Timo Brunke 63
Spiel: Fragengewürfel / Marken umbenennen 64
Übung: TÖRN Satzauflauf 1–49 & du, sie ... 64
Text: Wortlautleckerwissen 65

Viertes Quartal: steigern

16. Runde sechzehn – „Von wegen ‚müde‘“ 66
Laut: „Blabb!“ mit „S“ / Wörtertanz 66
Leise: Bewegungs-TÖRN 1–49 66
Stoff: Der hinterlistige Heinrich von Wilhelm Busch 66
Spiel: Wildes Wort / Verbenverhör auf Speed 67
Übung: Krümel und Berg / TÖRN Satzauflauf 1–49 & Adverbien 68
Text: Struwwelpeteriaden / Alle: Wort- und-Spielparlament 69

17. Runde siebzehn – „Rücken stärken!“ 69
Laut: „Blabb!“ mit „Sch“, „T“ und „tsch“/ Wörtertanz 69
Leise: Bewegungs-TÖRN 1–49 70
Stoff: Apus apus (Mauersegler) von H. M. Enzensberger 70
Spiel: „Auf, Forderung! – subito!“ 70
Übung: TÖRN Satzauflauf & Präpositionen 71
Text: Struwwelpeteriade im Tandem dichten 71

18. Runde achtzehn – „Wie seid ihr denn drauf?“ 71
Laut: „Blabb!“ mit „U“ und „Ü“ 71
Leise: Bewegungs-TÖRN 1–49 72
Stoff: Kopfstand von Uwe M. Gutzschhahn 72
Spiel: Namen, Nomen, na also / Doppelkonsonanten 72
Übung: TÖRN Satzauflauf 1–49 73
Text: Textkindergarten / Alle: Wort- und Spielparlament 73

19. Runde neunzehn – „Bald, bald ...“ 73
Laut: „Blabb!“ mit „V“, „W“ und „Th“ 73
Leise: Bewegungs-TÖRN 1–49 73
Stoff: „Wenn der Mops mit der Wurst ...“ (Unbekannt) 74
Spiel: das oder dass? 74
Übung: TÖRN Satzauflauf 1–49 / Wörterballgedicht 75
Text: Vokabellied / Textkindergarten 76
Lob: Heftkritik & Spielberatung 76

20. Runde zwanzig – „Glockenläuten!“ 77
Laut: „Blabb!“ mit „X“, „Y“ und „Z“ / WörterBilderHoppla 77
Leise: Bewegungs-TÖRN 1–49 77
Stoff: Der junge Schiffer von Friedrich Hebbel 77
Spiel: Partizipien 77
Übung: TÖRN Satzauflauf 1–49 78
Text: Starke Gefühle, selbst gemacht / Textkindergarten / Lob: Spielkritik & Heftberatung 78

Schulhausbühne frei! 78

Übersicht Erklärvideos 79
Übersicht über das Downloadmaterial 80

Einleitung: zweckfrei, sinnvoll – darum!

Willkommen in meiner Klassenzimmerwelt voller Wort und Spiel!

Als Autor weiß ich trotz vieler Gedanken, die ich mir zu diesem Heft gemacht habe, natürlich dennoch nicht, wo du gerade persönlich und pädagogisch stehst. Auch weiß ich nicht:

- Wurde die dir anvertraute Klasse als typische 5. Klasse der Sekundarstufe 1 zum Schuljahresbeginn neu zusammengestellt?
- Kennst du die Schüler:innen bereits?
- Wer sind die Kinder?
- Wie viele kennen sich untereinander?
- Was verbindet, was unterscheidet sie?
- Wer hat Anspruch auf besondere Förderung?
- Wer hat welchen kulturellen Hintergrund?
- Welche Charaktere verbinden sich leicht, welche stoßen sich eher ab?
- Wie ist das Verhältnis von Mädchen und Jungen in der Klasse?

Eins aber ist bereits klar: Im gemeinsamen und intensiven Spiel mit der Sprache werden wir uns bald recht gut kennenlernen!

Darf ich vorstellen: Wort und Spiel – ein musischer Raum inmitten des mit Erwartungen und Ansprüchen gespickten Deutschunterrichts, eine Zeit des zweckfreien, aber gerade deshalb sinnvollen Mit-, Für- und Durcheinanders, ein zupackend gemeinter, sich breit machender Modus für beiläufigen Kompetenzenerwerb, für ästhetische und performative Gruppenerfahrungen, für freie Auswahl und selbstbestimmtes Schaffen zu zweit, zu viert, im Team und genauso allein. Und vor allem: Wort und Spiel meint eine Art und Weise, wie jedes Kind deiner Klasse eine persönliche Beziehung zur „eigenen deutschen Sprache“ knüpfen und/oder festigen kann.

Zum Hintergrund und Unterbau

Dieses Heft wirbt zunächst einmal um dich, die Lehrerin, den Lehrer, den Menschen, der selbst entweder Freude an der Sprache hat oder der diese Freude an sich selbst wecken möchte. Ohne dich ist dieses Heft vergebens. Ich habe es in der Überzeugung geschrieben, dass „viel Sprache mit Fehlern drin“ besser sei als zu wenig Sprache aus Furcht vor Fehlern. Mit „Fehlern drin“ meine ich eine zulassende, heitere Atmosphäre, in der deine Schüler:innen z. B. keine Hemmungen davor haben, ein Wort spontan zu äußern, ohne zu wissen, ob es im Duden vorkommt oder nicht, u. v. a. m.

Wer dieses Heft liest und praktisch erprobt, öffnet für sich und andere einen „Als-Ob-Raum“. Einen Raum, in dem dann Dinge möglich sind, die nur durch echtes, d.h. durch unverzwecktes Spielen entstehen können. Möchtest du Motivation schüren? Möchtest du die dir anvertraute Klasse vergessen machen, dass sie „eigentlich“ gerade etwas leisten soll? Dann kannst du sie mithilfe dieses 80-seitigen Spielplans genau dazu anstiften. Und zwar, indem du das Gegenteil kultivierst: Je uneigentlicher, d.h. je verspielter der Unterricht abläuft, desto absichtlicher werden die Kinder deiner fünften Klasse agieren. Ich sage nicht „spielerisch“. Das Wort klingt für mich eher nach unverbindlicher Leichtigkeit. Und je öfter ich es im Zusammenhang mit Schule las und hörte, desto mehr fing ich an, mich zu fragen, ob wir die Schüler:innen nicht um ihren Lernfortschritt bringen, wenn es „spielerisch“ zugehen soll.

Stattdessen werbe ich darum, dass es im Deutschunterricht zu einem guten Teil verspielt zugehen möge. Damit meine ich die spezifische Atmosphäre, die nur ein echtes Spiel verbreitet. Also eines, in dem z. B. die eigene Geschicklichkeit oder der Zufall oder ein Wettkampf oder eine Performance alle Sinne binden. Ein Spiel, bei dem durch eine suggestive Regel die Zeit selbst für eine fest umrissene Dauer aufgehoben wird. Das pädagogische Paradoxon besteht darin: Je zweckfreier ein Spiel an der Schule gespielt wird, desto erfolgreicher trägt es zum Lernen bei. Was du dafür ändern musst, ist einzig und allein deine Erwartungshaltung. Die durch das Spiel garantierten Lernfortschritte (vgl. Hüther 2018) werden erst mittelfristig spür- und messbar. Gerade weil ein Spiel, wenn wir uns ihm hingeben, gerade so viel Spaß macht, glauben wir nicht daran, dass daraus auf die Länge der Zeit „etwas Sinnvolles“ erwachsen könne. Es handelt sich hierbei aber wieder um dasselbe Paradoxon, hier auf der Ebene unseres persönliches Erlebens: Je mehr wir in einem Spiel an der Schule die Zeit und die von außerhalb herangetragenen Lernziele vergessen, desto sicherer können wir uns sein, dass das Spiel seine förderliche Wirkung bereits erbracht hat.

Ich möchte zu einer zweiten Überzeugung kommen: Ich vertrete die Ansicht, dass der Sprach- und Wortgenuss in uns Menschen angelegt ist. Wer je ein zweijähriges Kind (mit oder ohne sprachliches Handicap!) lang genug studieren durfte, wird erlebt haben, was für eine Liebesbeziehung wir Menschen in den allerersten Jahren zu der in uns eingepflanzten Sprachmatrix knüpfen. Eine Liebe freilich, die durch mancherlei Umstände verunklart, gehemmt, mitunter auch korrumpiert wird.

Dieses dicke Heft oder schmale Buch in deiner Hand bietet Methoden, diese intrinsische Liebe zur eigenen Sprache zu wecken, freizuschaufeln, erfahrbar zu machen. Aufgrund dessen, was ich gerade skizziert habe, halte ich Sprache für ein Recht. Ein heranwachsender Mensch hat meines Erachtens ein Recht auf die freie Entfaltung seiner sprachlichen Empfindungs- und Ausdrucksmöglichkeiten. Damit meine ich zugleich, dass sprachliche Bildung keine „Pflichtveranstaltung“ sein muss. Kinder und Jugendliche müssen kein „System von Sprache kapieren“ als vielmehr die eigene(n) Sprache(n) als ein Fluidum, als ein wohlmeinendes Elixier erfahren.

Lust auf Sprache zu machen, möchte ich übersetzen mit Lust darauf, ein Zutrauen zu mir und zur Gestaltbarkeit der Welt, in die ich gestellt bin, zu entwickeln. „Lust auf Sprache“ meint die Lust, mich angstfrei zu äußern, Mitteilung zu machen, Geschichten zu spinnen, Fähigkeiten an mir und anderen zu erfahren, überrascht zu werden durch Klänge, Rhythmen und Erzählungen. Klang, Lust auf Quatsch und Interaktion, auch Lust auf transparente Machtmomente und eingeräumte Machtspiele, frei von Argwohn, aber im vitalen Austausch der Charaktere und Persönlichkeiten. Lust auf Gedankenspiele, Luftschlösser, Wunschgedanken und eigene geschliffene Meinungen.

Die Mehrheit unserer Mitmenschen hat, wenn ich sie direkt frage, zunächst nur bedingt Lust auf Sprache. Die meisten haben vergessen, mit welcher Wonne sie als Kleinstkind die Laute erlernt, abgelauscht, nachgeplappert haben.

Aber jeder Mensch, so die These dieser Publikation, hat Lust auf all die Momente, Situationen und Möglichkeiten, sich sowohl zur Mitwelt als auch zur eigenen Existenz, zum eigenen Standpunkt in „Raum zu Zeit“ zu verhalten, zu spüren, gespiegelt zu werden, bestätigen zu lassen, usw. Und diese vielfältigen Lagen sind mit Worten, Sätzen, Wörtern und Texten entweder verknüpft – oder sie werden durch Sprache erst hervorgebracht.

Weil aber so viele dieser Aspekte im Zusammenhang mit Sprache noch einmal intensiver erfahren werden, deshalb ist Lust auf Sprache keineswegs eine (Selbst-) Täuschung, sondern ein wohlgegründeter Standpunkt, eine schöne, anständige Verheißung.

Diese Lust gilt es zu wecken, zu dieser Lust will ich ermuntern; und es geschehe durch geschicktes Taktieren und Arrangieren im Klassenzimmer.

Sprachspiele

Sprachspiele sind Alleskönner. Sie fordern die Gemeinschaft und den Einzelnen heraus, sich verblüffen zu lassen, um selbst zu reagieren. Das macht wach! Und wer wach ist, übt und lernt hinzu.

Sprachspiele laden durch ihr Regelwerk zu klar umrissenen Handlungen ein. Und sie geben dir gleich die Möglichkeit, neue und bekannte Schüler:innengesichter von ganz verschiedenen Seiten kennenzulernen. Nicht jedes Spiel verfängt bei allen gleich. Doch wer beim einen Spiel eher mäßig spannende Beiträge brachte, kann dich und die Klasse beim nächsten Spiel bereits wieder überraschen.

Wichtig ist nur, dass du dich als Spielleiter:in selber freispielst. Vergiss, wenn du die 20 Runden mit deiner Klasse abhältst, am besten alles, was sich die Bildungspläne von dir und von den Schüler:innen wünschen. Wieder tritt dasselbe, bereits erwähnte Paradoxon auf und besagt: Noch so gutgemeinte Ansagen oder Hinterkopfgedanken zu schulischen Leistungen sind für Spielleidenschaft im Klassenzimmer leicht hinderlich.

Darum habe ich bei der Konzeption dieses Heftes darauf geachtet, wie sich der schwebende Widerspruch aus Lust und Verantwortung praktisch auflösen lässt. Zum einen habe ich einen Grundlagentext zu den Prinzipien der hier ausgebreiteten Wortpädagogik im Downloadbereich hinterlegt. Dieser Text wartet darauf, von dir bisweilen befragt zu werden. Gerade dann, wenn es darum geht, die Haltung für einen „verspielten Unterricht“ wiederzufinden. Oder falls du dich fragst, warum ich dem gesprochenen Wort die zentrale Rolle für einen chancenreichen Sprachunterricht zumesse. Auch zu diesem zweiten Schwerpunktthema findest du in diesem Text, er heißt „Sechsunddreißig Sätze“, vertiefende Informationen.

Der Gegenstand dieser Heftreihe ist die individuelle Beziehung zur Sprache. Diese persönliche Bindung an das eigene gesprochene, geschriebene und von anderen zu hörende und zu lesende Wort lässt sich stiften. Messen lässt sich die Qualität dieses persönlichen Verhältnisses zum eigenen Sprachausdruck und Spracherleben zwar nicht; sie zeigt sich aber über kurz oder lang im individuell gewollten Ausstoß an Worten, Sätzen und Texten, mündlich wie schriftlich.

Ich setze den sprachlichen Bildungsweg mit Beziehungsarbeit an der eigenen Sprache gleich. Je mehr ich mit meiner Sprache anzufangen weiß, desto mehr Lust auf Sprache habe ich.

Das vorliegende Konzept „Lust auf Sprache!“ ist in persönlicher Arbeit mit Schulklassen entstanden. Es beantwortet komplementär zu dem *Was* und *Wozu* der Bildungspläne und -standards das *Wie* und das *Warum* sprachlichen Handelnwollens. Wie entsteht in einer Kleingruppe ein pfiffiger Satz? Warum wollen meine Schüler:innen diese Übung über ein Vierteljahr hinweg üben? Warum sollen junge Menschen immer wieder ihre Stimme erheben, egal, was die Schulglocke geschlagen hat?

Zum Aufbau im Großen und Kleinen

Vier Quartale

Ich habe das Schuljahr anhand der Ferienordnung in vier Quartale unterteilt. Bis zu den Herbstferien sollen du und deine Klasse hineingeraten in den Sog des Spiels und der sinnlichen Beschäftigung mit dem Wort. Im zweiten Quartal bis zu den Weihnachtsferien bzw. bis zum Jahresbeginn wünsche ich dir, dass deine Schülerinnen und Schüler die kennengelernten Empfindungen, Ermunterungen und Zumutungen in und an sich individuell vertiefen mögen – um sich dann im dritten Viertel, im Frühjahrszeitraum, vollends aneignen zu können, was sie gelernt haben. Im letzten und vierten Viertel soll es dann kein Halten mehr geben. Auch die stillsten, die zaghaftesten, die benachteiligten und die gemütlichsten Mitglieder der Klassengemeinschaft werden bis dahin ihren Weg gefunden haben, sich mit dem Erreichten zu zeigen, um auf sich und das nach ihrem individuellen Maß Erreichte stolz und froh zu sein.

Ein Makrorhythmus von zwanzig Runden

Auf ein Schuljahr mit seinen 35 Schulwochen verteilt möchten die hier versammelten und angeordneten sogenannten zwanzig Runden eine verlässliche und motivierende Zeit stiften: um sich auszuprobieren, Spaß und Freude mit dem gesprochenen und geschriebenen Wort zu erleben. Es geht darum, gemeinschaftliche Momente zu erfahren. Gemeinsam im Klassenzimmer gelingt etwas mit Worten. Alle bekommen etwas hin. Gemeinschaftliches Gelingen geschieht, gefügt aus vielen persönlichen Erfolgserlebnissen.

Jede Schule und jede Klasse erlebt das Schuljahr mit seinen Rahmungen anders. Deshalb sollen die zwanzig Runden dieses Heftes dich keineswegs in ein unnötiges Raster hineinmanövrieren, im Gegenteil. Die zwanzig Runden sind als flexibles Pensum gedacht, das zu erreichen dir leichtfallen und dich beflügeln soll; indem du zwar weißt, was jede Runde an Etappen enthält; aber ebenso, weil ihr euch jede dieser Etappen auch für sich allein vornehmen könnt. Ihr könnt die Reihenfolge der Etappen ändern. Ihr könnt jede Etappe einer Runde zeitlich ausdehnen oder verdichten. Und doch könnt ihr euch bei allen Abänderungen sicher sein: Wenn du diese zwanzig Runden im Unterricht deiner Klasse auf deine Weise unterbringst, so wirken sich diese zwanzig Runden – sie entsprechen in etwa einem Drittel der Gesamtstundenzahl im Fach Deutsch – auf die Lernerfolge in den anderen rund 80 Unterrichtsstunden aus. Teile die zwanzig Runden ein, wie es für dich passt: als Anfangs- und Schlussritual für eine jeder deiner Deutschstunden; als Doppelstunde en bloc in jeder zweiten Schulwoche oder als zwei einzelne Unterrichtsstunden in lockerer Verteilung auf das Schuljahr usw. Reichere die Etappen jeder Runde, ohne zu zögern, gern mit anderen Themen an, die dir im Moment wichtig sind und die deiner Ansicht nach gut auf dieser Etappe mit unterzubringen sind. Verändere mein Angebot gemäß deiner professionellen Sicht auf deinen Unterricht. Das Heft hält derweilen als gedruckte Begleiterin zu dir und bringt dich mittels seiner konkreten Vorschläge wie selbstverständlich auf eine eigene, noch genauere improvisierte Variante. Auf diese Weisen rhythmisieren die zwanzig Runden dein Deutsch-Jahr mit der Klasse und versorgen deine Bemühungen um den Spracherwerb mit musischen und Beziehung stiftenden Impulsen. Das heißt, es kommt eher darauf an, den Großteil der Rundenangebote stimmig in den bestehenden Ablauf einzuschmiegen. Die Reihenfolge ist dafür tendenziell zweitrangig.

In den Darstellungen der einzelnen Spiele und Übungen behelfe ich mir mit kurzen, unterschiedlich häufig wiederkehrenden Rubriken. Sie sollen dir dabei helfen, das einzelne Spiel, die jeweilige Übung sowohl unter inhaltlichen als auch unter sozialen Aspekten zu betrachten.

Alles findet statt in einer zwischenmenschlichen Gemengelenge. Ich wünsche euch für euren gemeinsamen Unterrichtserfolg, dass es euch als Klasse gelingt, zum Kern des Spiels vorzudringen – mit just den Leuten, die im Moment genau diesen Stimmungscocktail im Raum erzeugen, in den die Übung hineinwirken will.

Die wiederkehrenden Rubriken erzeugen einen ritualisierenden Effekt. Sie haben je nachdem einen leiseren oder lauteren, einen spontanen oder geplanten Charakter. Zusammengenommen befriedigen sie meines Erachtens altersgemäße Grundbedürfnisse nach Interaktion, Bestätigung, Überraschung, Selbstdarstellung, Witz, Spaß und Erkenntnis.

Ein lautes und ein leises Ritual mit Sprech-, Bewegungs- und Fantasierangeboten steht (zumindest in meiner blockweisen Anordnung) am Anfang. Die Klasse schiebt ihre Stühle dazu nah an die Tische und kann so den Raum hinter dem eigenen Tisch am besten für sich nutzen.

Darauf folgt in der Regel ein Gedicht. Warum? Weil nichts so dosiert, kurz, vielfältig und immer wieder neu dazu einlädt, Sprache als lustvoll zu erleben, wie ein gutes, gut ausgesuchtes poetisches Wortkunstwerk. Lyrik ist Sprache als Kunst, Sprache in ihrer verspieltesten, freiesten Form. Das macht Poesie, weit entfernt von allen Fragen der kanonischen Gedichtinterpretation, zu einem bevorzugten Instrument und Ziel sprachlicher Bildung. Wer ein Gedicht hören und genießen kann, ist sprachlich gebildet, und das in Lachern, Rückfragen und verzauberten Mienen messbar.

An diese, „Stoff" genannte Rubrik schließt sich als Nächstes die Rubrik „Spiel" an. Hier haben der Quatsch und die Grammatik Vorfahrt. Es wird am wenigsten geschrieben und am häufigsten mit anderen um die Wette agiert. Daran schließen sich ein, zwei Übungen an, die in der Regel als Tandemarbeit am Tisch gedacht sind. Hier ist Gelegenheit, neuen Stoff, eine neue Betätigung zu wiederholen und zu verstetigen.

Zuletzt schließt die Rubrik „Text" die einzelne Runde ab. Unter Text verstehe ich im Heft für Klasse 5 kleine Spieltexte, die auf jedem Niveau ein Erfolgserlebnis ermöglichen – vorausgesetzt, das jeweilige Kind lässt sich auf die Aufgabe ein. Die Texte können zu zweit oder allein verfasst werden.

Zum Aufbau der Rubriken

Das „Wo-, Womit- & Wofür-Kästchen"

In diesem Kasten direkt unter dem Namen der einzelnen Aktion findest du Hinweise darauf, welches Raumarrangement und welche Hilfsmittel die jeweilige Aktion mag. Ferner liste ich hier die Kompetenzbereiche auf, in die das jeweilige Unterfangen fällt; also wie es zu den allgemeinen Bildungsplänen in Beziehung steht und was hier gelernt, geübt, erworben werden kann, *sofern das jeweilige Spiel z w e c k f r e i, um des Spaßes am Spielen willen, gespielt wird.*

IDEE AUF EINS

Dieser Absatz sorgt für einen möglichst raschen, motivierenden Überblick.

VORBEREITUNG

Was braucht ihr, was brauchst du, damit du die Übung im Klassenraum sinnvoll abhalten kannst? Wie kannst du dich einstimmen und die jeweilige Aktion im Einklang mit dir und deiner Lust an Spiel und Sprache im Vorhinein erfassen? Das erfährst du hier.

ABLAUF

Hier beschreibe ich die Aktion in ihrer Grundform und in möglichen „VARIANTEN". Ich frage immer wieder nach dem Clou der Offerte: Wenn wir wissen, was wir von der Übung erwarten dürfen, entwickeln wir mehr Geduld und Gespür beim Einüben eines neuen Spiels, Rituals etc. Aber auch die „Krux" eines Spiels interessiert dich bestimmt: Wo liegen manchmal die Sollbruchstellen, die mitentscheiden, ob bzw. wie sehr eine Übung gelingt oder nicht?

Und ich bemühe mich um „Tipps": Mitunter hilft uns ein einzelner Hinweis mehr als manche andere, um das Spiel, die Übung erfolgreich durchzuführen.

Die allermeisten Spiele sind offen für Abwandlungen. Mir als Schreiber dieses Heftes können keineswegs alle möglichen Varianten in meiner bisherigen Spielpraxis vorgekommen sein. Es ist an den Schüler:innen, das Spiel so abzuändern, dass es einen Kick für die Mehrheit im Raum erhält.

„ICH, DU, ER, SIE, IHR, WIR ALLE"/„SO ODER SO"/„DIFFERENZIERUNG"

In diesem Absatz geht es um Aspekte, die gern zusammenstehen und die sich in unterschiedlicher Mischung, je nach Übung, Spiel usw. anbieten. Nicht in jeder Rubrik wollte oder konnte ich binnendifferenzieren. Manches – und das gehört zum wahren Spielen dazu – darf einfach passieren.

- „einbinden": Wie können wir so viele Schüler:innen wie möglich mitnehmen, eingedenk individueller Handicaps, Temperamente, Prägungen?
- „einbetten": Wie können wir ein Kind mit besonderem Profil oder Förderbedarf angemessen am Spiel beteiligen?
- „trennen + lösen": Es gibt Momente, in denen sich eine Gruppe innerhalb der Klasse oder einzelne Kinder einer Übung – absichtlich oder unwillentlich – praktisch verweigern. Diese Entscheidungen haben in aller Regel persönliche Gründe. Sie sind u. a. abhängig von der Tagesform, von individuellen Vorprägungen, vom Schuldrumherum. Was können wir tun, um schnell, klar und fair zu reagieren? Die Übung soll dennoch stattfinden können. An dieser Stelle schlage ich vor, wie das gehen kann. Weitere Gedanken zum Umgang mit dem, was wir klassisch eine „Störung des Unterrichts" nennen, findest du im Aufsatz „36 Sätze" im Downloadmaterial.
- „Wenig Zeit ...": So halten wir auch bei knappen Bedingungen den Kurs.
- „Das reicht ...": Bevor für manche während einer Aktion der Bogen überspannt wird, reduzieren wir besser das Spielmaß.
- „Noch mehr!": Wer hungrig nach Betätigung ist, dem geben wir gern etwas mehr an die Hand.
- „Zu alt"/„Zu jung": Kinder, die von ihrem Lebensalter her eigentlich in einer höheren oder niedrigeren Klassenstufe am Unterricht teilnehmen sollten, benötigen mitunter einen speziellen Wink.

„Wodurch":
In dieser Rubrik kannst du zum Abschluss eines Rundenteils nachlesen, nach welchen Kriterien oder Überzeugungen ich diese Übung oder jenes Spiel erdacht, entwickelt und genau an dieser Stelle platziert habe. Um die Wort- und Spiel-Prinzipien dieses Curriculums weiter zu vertiefen, gebe ich hier die dementsprechende Stelle in den „36 Sätzen" des Downloadmaterials an.

„Hoppla, da wiederholt sich was": Bei der fortlaufenden Lektüre wirst du feststellen, dass sich einzelne Formulierungen in Absätzen der Runden wiederholen. Das trifft manchmal auf „IDEE AUF EINS", dann wieder auf „DIFFERENZIERUNG" oder auch auf „VORBEREITUNG" zu.

Diese Wiederholungen sind beabsichtigt. Ich hätte es natürlich jedes Mal neu formulieren können, aber dann müsstest du es auch jedes Mal neu lesen. Ich wollte ein Buch schreiben, das für dich ein rascher Helfer ist. Dazu gehört, dass du Bekanntes auf einen Blick identifizieren kannst. Und da ist noch etwas. Etwas Zentrales: Es geht bei den Dingen, die ich identisch immer wieder nenne, gar nicht um Dinge, die sich kapieren lassen sollen – kapiert sind diese Gedanken schnell –, sondern es geht hier um Einstellungen gegenüber der Natur des Spielens oder gegenüber einer gelebten Mündlichkeit. Ich möchte durch die gleichen Sätze ausdrücken: „Und hier ist, wie neulich, wieder die Lust am Sprechen gefordert" usw.

Die sprachbildnerischen Hauptaspekte der Rubriken im Überblick
Alle in „Anfühungszeichen" gesetzten Aspekte sind Zitate aus den „Bildungsstandards für das Fach Deutsch" der Kultusministerkonferenz / Erster (ESA) resp. Mittlerer Schulabschluss (MSA) in der Fassung vom 23. Juni 2022.

- Wofür Ritual: „Lesefertigkeiten" anbahnen – „sprachliche Mittel sammeln" – „sich ausdrücken" – „sichere Worterkennung" – „Laut" – „Buchstabe" – „Silbe" – „Alphabet" – „Kernwörter" – „gestalterische Mittel sammeln" – Wortschatz – Rechtschreibung – Ausdruck – Lust an der Selbstwirksamkeit
- Wofür Stoff: „Texte verstehen" – „Texte mit Vorwissen verbinden" – „Texte erschließen" – „Verstehen und Nicht-Verstehen zum Ausdruck bringen" – „Bezüge herstellen" – „kritisch reflektieren" – „Wertungen zu Texten formulieren und begründen" – „Texte in Hinblick auf Themen vergleichen" – „sich mit anderen zu Textwertungen austauschen"

- Wofür Spiel: „sich mit sprachlicher Verständigung / sprachlicher Vielfalt / sprachlichen Strukturen auseinandersetzen“ – sprachliche Verständigung / sprachliche Vielfalt / „sprachliche Strukturen gezielt nutzen“ – „erzählen“ – „informieren“ – „argumentieren“ – „diskutieren“ – „appellieren“ – „erklären“ – „Präsentation“ – „orthographische Zweifelsfälle klären“ – „individuelle Fehleraufmerksamkeit“ – „Adjektiv“ bis „Zukunft“
- Wofür Übung: „Gespräche führen / moderieren“ – erklären“ – „gezieltes Feedback“ – „Aussagen beurteilen“
- Wofür Text: „Identität ausdrücken“ – „Texte angemessen formulieren“ – „gedanklich – geordnet formulieren“ – „Lesefertigkeiten entwickeln“ – „orthographisch schreiben“ – „Texte verfassen“ – „Lesekompetenzen für den Umgang mit Texten / zur persönlichen Entwicklung / gesellschaftlichen Teilhabe nutzen“ – „ Feedback zu Texten anderer formulieren“ – „flüssig formulieren“ – „Texte überarbeiten“ – „kritisch reflektieren“ – „sich mit anderen zu Textwertungen austauschen“

Kommunikation

Die Klasse 5x

Die Kinder in meiner „Heftklasse“ heißen Toni und Helge, Gibran und Danylo, Yaron und Carlota, Nikita und Samir, Raquel und Roxanne, Clara und Sophia, Giulia und Dragica, Metehan und Marko, Mette und Laura, Christopher und Jalte, Nurit und Valentina, Maximilian und Erik, Mariam und Natalya. Es sind 26 Fünftklässler:innen mit vielen Prägungen, Merkmalen, Neigungen, Schwierigkeiten, Potenzialen und Gründen, sie ernst zu nehmen. Sie stehen für die echten Kinder, die dir und deiner Sprachlust anvertraut werden. Ich sah sie beim Schreiben dieser Seiten vor mir, als sympathischen Querschnitt durch unsere gesellschaftliche Gegenwart. In ihren Nennungen leben manche Erfahrungen weiter, die ich als Wortkünstler im Unterricht und als Workshopgeber machen durfte.

Ein Satz zu Marko: Marko ist der Inklusionsschüler in meiner Klasse. Ich nenne ihn auch „Inklusionskönig“. Dieser Name schafft eine andere Leichtigkeit im Umgang mit der Aufgabe, „sowohl alle als auch einen“ zu fördern und zu begleiten.

Tandems, Doppeltandems, Teams

Um die Impulse, die du aussendest, in ausreichender Frequenz wirksam werden zu lassen, führst du die Schüler:innen am besten zu festen Tandems zusammen. Das sind gewöhnlich zwei Kinder, die eh schon gern nebeneinander an einem Tisch sitzen. Die Duos können sich gegebenenfalls auch anders bilden. Diese Tandems gehen Aufgaben gemeinsam an, ergänzen sich in manchen Fähigkeiten und tun sich im Konzert mit den anderen Tandems hervor.

Mitunter nimmt das Geschehen produktiv Fahrt auf, wenn sich zwei Tandems zu einer Vierergruppe, einem Doppeltandem, zusammenschließen.

Schließlich richtest du mithilfe der Kinder zwei feste und möglichst gleich große Gruppen ein. In „Lust auf Sprache Klasse 5“ heißen diese beiden Gruppen schlicht „1. SC Flur“ (SC = Sprachclub) und „Spvg Fenster“ (Spvg = Spielvereinigung) nach den räumlichen Gegebenheiten des von mir fantasierten Klassenzimmers: Die Hälfte der Schülerschaft bis zur Zimmermitte gehört der Seite zum Schulflur an, die andere Seite zählt zur Seite mit der üblichen Fensterfront. Diese beiden Teams zu bilden hat den großen Vorteil, dass ihr so Stimmung, Eifer und starke Gefühle im Klassenzimmer aufbringt. Es macht einfach viel her, in einer Gruppe solidarisch handeln zu können, zur eigenen Bestätigung und um Respekt und Anerkennung aus der Gruppe zurückzubekommen. Ebenso wichtig ist die vertrauensbildende Erfahrung, unterstützt zu werden. Wenn Gibran weiß, dass er mit seinem noch anfänglichen Deutsch auf Toni, Helge oder Yaron im Spiel voll zählen kann, wird er sich sowohl im Arabischen als auch im Deutschen wohl fühlen – und er kann seinen Bildungserfolg am Ende feiern.

Gewinne einfahren, Siege gönnen

Ja, ich vertrete die Auffassung, dass sich klar herausfinden lassen sollte, wer in der Klasse eine Aufgabe, ein Spiel besser als andere erfüllen konnte. Es kommt darauf an, dass nicht immer dieselben gewinnen, immer die gleichen den anderen applaudieren müssen. Dafür ist gesorgt, indem jedes Kind in einem Tandem sowohl Erfolge als auch Patzer und Schräglagen abgefedert wissen darf. Und schließlich sind die beiden Klassenteams, ob sie nun „Flur“, „Fenster“, „Tafel“ „Rückwand“ oder schönere Namen tragen, in jedem Fall bunt genug gemischt, damit jede Seite immer wieder die Nase vorn haben kann. Einzelne können stellvertretend für ihr Team einen Teampunkt erringen. Oder die einzelnen Spielhandlungen summieren sich als Stafette zu einem Teamergebnis, in dem auch die schwächeren Manöver mit zum Siegergebnis zählen können. Wichtig: Wer patzt und einen „Sprachschnitzer“ hinlegt, der/die beschert dem gegnerischen Team einen Pluspunkt. Jedoch wird ein Patzer besser nicht als Minuspunkt für das eigene Team vermerkt. Das würde unweigerlich die Stimmung negativ beeinträchtigen.

Wie Gerald Hüther und Christoph Quarch in ihrem Buch „Rettet das Spiel“ (München: btb, 2018) betonen, gehört das Um-die-Wette-Spielen zu den Grundimpulsen des Spiels. Genauso zentral für echte Spiele sind daneben, und zwar stets in einem umrissenen, zeitlich begrenzten Bezirk, das Herausfinden von Geschicklichkeiten gegenüber einer Frage, einem Hindernis, einem Thema, der Umgang mit dem Zufall sowie viertens und letztens die repräsentative Darstellung. Alle vier Grundzüge können ineinandergreifen und ein Spielerleben suggestiv steigern.

Förderliche Örtchen

Alles, was sich im Klassenzimmer aufhält, hat einen Leib und verdrängt Raum und Luft vor Ort. Da geht es dir nicht anders als deinen Schüler:innen. Wir sind alle vorhanden. Nützen wir das aus! Für jede Übung, jedes Spiel habe ich angegeben, in welcher räumlichen Anordnung es am besten über die Bühne geht.

- Leere Tischflächen: Ich werbe dafür, grundsätzlich vor Beginn einer Runde die Tischflächen praktisch freizuräumen von Büchern, Krimskrams, Kleidungsstücken. Nicht nur für die Wettkampfspiele ist es günstig, wenn ein Tisch, ein Stuhl mal eben geschnappt und umgestellt werden kann, ohne dass ein Geodreieck zu Boden fällt usw.
- Das „Wachmach“: Die Sprechrituale erfordern zunächst eine körperliche Ertüchtigung. Alle stehen auf! Alle stellen ihren Stuhl möglichst dicht an ihre Tischplatte heran, und gewinnen dadurch möglichst viel Bewegungsraum ohne wertvolle Zeit mit Umbauen zu verbringen.
- Am Austauschtisch: Viele Phasen in Wort und Spiel verbringen die Klassenmitglieder im Dialog mit ihrem Tandempartner am Tisch. Hierfür dürfen Metehan und Marko, Mette und Laura usw. ihren Tisch gern ein wenig zu den anderen auf Distanz bringen.
- In der Kreiskartoffel: Nicht selten wird in den zwanzig Runden vorgetragen. Dafür hat sich die von mir sogenannte „Kreiskartoffel“, entweder als Sitz- oder als Steh- oder als gemischte Kreiskartoffel, bewährt. Statt eines aufwändigen Stuhlkreises erlaubst du der Klasse, sich so, wie es für die Einzelnen passt, auf die – freie – Tischplatte, mit dem eigenen Stuhl zwischen zwei Tische zu setzen usw.
- Bei sich selbst: Selbstverständlich braucht es Phasen, wo jede:r mit sich und seinem Text im Stillen umgehen will und soll.
- An der Spiellinie: Für die Wettkampfspiele werdet ihr das Klassenzimmer regelmäßig in eine linke und eine rechte Hälfte teilen. Dann dreht sich die Aufmerksamkeit von der Tafel fort und hin zu der gedachten Mittellinie zwischen der Flur-/Korridorseite und der Fensterseite. Und ehrlicherweise kommt die eifrige, übungsintensive Atmosphäre für die Wettkampfspiele am leichtesten zustande, wenn ihr die Tische auch dazu benutzt, vorübergehend eine Grenze zwischen euch als Gruppe und denen da drüben zu errichten. Die Grenze trägt den Namen „Spiellinie“. Das klingt bei aller Wettkampfstimmung nicht so abgrenzend.
- Im Teamrat: Bevor sich die Teams an der Spiellinie aufstellen, scharen sie sich zur Besprechung mitunter um den Tisch ihrer Teamleitung.

Textkindergarten / Feedback

Eine Antwort darauf ist sicherlich die bestätigende Rückmeldung. Wir alle benötigen als soziale Lebewesen Signale von außen, die unser persönliches System mit „guten Informationen“ versorgen. Das gilt in vermehrtem Umfang für Heranwachsende. Darum habe ich in Wort und Spiel Klasse 5 den Textkindergarten eingerichtet. Eine Feedbackmöglichkeit für jedes Kind, um Schreibergebnisse, die mit möglichst viel Lust begonnen wurden, weiterentwickeln zu können.

Der Ich-bin-toll-Ball und der Tut-mir-leid-Ball

Alle Beteiligten, dich eingeschlossen, können ihr Verhältnis zum aktuell anberaumten Spielvorgang ab und zu dadurch klären, dass sie einen Ball werfen oder zugeworfen bekommen. Der „Ich bin toll“-Ball gibt Erik oder Valentina Gelegenheit, sich selbst für einen guten Beitrag auf spielerischer oder inhaltlicher Ebene zu loben und sich von der Klasse bzw. von dir als dem Klassenoberhaupt bestätigen zu lassen. Dementsprechend liefert der „Tut mir leid“-Ball Raquel oder Laura die Chance, sich in die laufende Aktion neu zu integrieren, wenn der Spielfluss durch sie aus irgendwelchen Gründen unterbrochen wurde.

Wort- und Spiel-Verfassung / Wort- und Spiel-Parlament

Es gibt vier Regeln, die das Wort- und Spiel-Konzept vor Schräglagen bewahren. Sie sind allgemein formuliert und sollten zumindest vier Mal (wenn nötig öfter!), zum Ende eines jeden Quartals, zumindest angesprochen werden.

- § 1. *Spielen heißt Spielen:* Damit unser Spielen für alle Spaß macht und Sinn hat, diskutieren wir während eines Spiels nicht, sondern akzeptieren dessen Regeln.
- § 2. *Spaß muss sein:* Wenn die Lust auf ein bestimmtes Spiel für alle spürbar zu Ende ist, wechseln wir unsere Beschäftigung.
- § 3. *Respekt ist Pflicht:* Wir respektieren uns und unsere Spielbeiträge.
- § 4. Wir erweitern oder verbessern eine Regel im Fall eines Falles, bis sie für uns passt – nur nicht während des Spielens, s. o. § 1.

Gegen Ende eines jeden Quartals (konkret in Runde vier, neun, vierzehn und achtzehn) tritt das Wort- und Spiel-Parlament für zehn Minuten zusammen. Dann können Beschwerden vorgebracht und Lösungen diskutiert werden, wie diese drei Spielregeln.

SCHIEDSRICHTERAMT: Giulia und Dragica sind in diesem Schuljahr im Tandem die Schiedsrichterinnen. Das bedeutet, dass sie in den Teamspielen auf die Punktevergabe achten und im Zweifelsfall zu entscheiden haben, wem ein Sieg oder ein Punkt gehört. Auch wenn du Leute brauchst, die mit dir zusammen eine Entscheidung fällen müssen, wie ein Spiel gehandhabt werden soll, so haben die beiden innerhalb der Klasse, zusammen mit dir als der Lehrkraft, das letzte Wort.

Rückmelden, Bewerten, Bestätigen – Noten geben

Junge Menschen wollen wachsen. Noch das unwilligste Kind sehnt sich nach Entwicklung, nach Könnerschaft und Souveränität. Zwar ist die Spannbreite unter den Klassenmitgliedern groß: Während die einen eifrig in sich aufnehmen, was du ihnen bietest, ducken sich andere unter den Aufgaben weg oder „sind nicht bei der Sache". Was die Kinder alle eint, das ist das starke Bedürfnis nach Bestätigung. Dieses Bedürfnis nach Vergewisserung kann höchstens überlagert, aber nicht effektiv aufgehoben werden.

Gegen Ende der Schulhalbjahre kannst du – entsprechend der real verwendeten Unterrichtsstunden – die mündliche und schriftliche Deutschnote zu einem Drittel bis zur Hälfte aus den in Wort und Spiel dokumentierten Aktivitäten und Texten bilden. Kurz vor den Halbjahres- und Ganzjahreszeugnissen ist jeweils eine Aufführung mit persönlich ausgesuchten Textergebnissen und Spielen vorgesehen; ein geschickter Anlass für dich, die Vorträge der Einzelnen anhand sprechender Kriterien zu bewerten und zu benoten.

Nach welchen Kriterien willst du die Noten bilden? Am besten, die Schüler:innen entwickeln mit dir zusammen Kriterien für die Bewertung.

Bewährte Kriterien für die Bewertung – und Benotung – sprachspielerischer Aktivitäten

Wagnis: Hat Metehan die Klasse produktiv irritieren können mit seinem Satz, seinem Beitrag, seinem Text? Ist da ein Wort gefallen, das dich als Lehrer:in echt überrascht hat? – Zusammenhang: Hat in Mettes Texten der letzte Satz mit dem ersten etwas zu tun, dann ist das ein Lob, eine positive Rückmeldung wert. – Witz: Mussten wir lachen über einen Beitrag von Danylo, sei es darstellerisch, spielförderlich oder schriftstellerisch? – Einsatz: Haben Giulia und Dragica am Ende der 20 Runden wirklich durchgehend das Schiedsrichteramt konsequent ausgeübt, dann sollte m. E. das in die mündlische Deutschnote mit einfließen.

Die Note muss die Spitze eines Rückmeldungsgebirges sein, sie soll nicht alleine stehen. Die Schüler:innen wollen ihren Lohn. Sie sollen ihn kriegen. Die aufbauenden bzw. spannenden Erlebnisse in der Wort und Spiel-Runde sind die eine Hälfte der Belohnung. Die andere Hälfte besteht aus deinen guten Rückmeldungen, aber auch von den Mitschüler:innen im Textkindergarten.

Aufführungen

Nach Runde zehn und Runde zwanzig sollte es Aufführungen geben. Wie das konkret an deiner Schule aussehen kann, darüber habe ich mir als Autor bewusst keine Gedanken gemacht. Denn ich bin mir sicher: Nach zehn stattlich stattgefundenen Runden Wort und Spiel werden sowohl die Klasse als auch du am besten wissen, wie und wie viel ihr von den geschaffenen Sprachspäßen und Texten anderen zeigen wollt. Und zum Schuljahresende wird es, im allgemeinen Abwind der schulischen Pflichten nach Notenabgabeschluss, bestimmt ein paar Stunden geben, in denen ihr die schönsten Spiel- und Textergebnisse der übrigen Jahrgangsstufe oder im Rahmen eines Schulfestes auf der Freiluftpalettenbühne zeigen wollt.

Ausstattung

Ein Muße- und Musensessel für dich

Unterrichten ist ein verantwortungsvolles, mitunter anstrengendes Geschäft. Den Unterricht zu organisieren, im Zusammenhang des Schullebens vor Ort kommt noch herausfordernd hinzu.

Für Wort und Spiel aber musst du bereit sein, allen Umständen zum Trotz die Leichtigkeit des Spiels und der Kunst in dein Leben hereinzulassen. Viele der hier aufgeführten Aktionen beginnen damit, dass du dir ein paar Momente in der Vorbereitung Muße gönnst – um die Musen des Spiels und des Wortes zu empfangen: etwa die Improvisation, den Quatsch, den Augenblick, die Gestaltungslust oder auch den Zufall und die Überraschung.

Um die Spiele und Übungen einer nächsten Runde zu meistern, solltest du dich am besten gehen lassen können. In einem Sessel oder in einer anderen stillen Ecke, in der du mit dir und deiner Lust auf die und an der Sprache in Ruhe vorausahnen kannst, bei geschlossenen oder halb geöffneten Augen, was die Spiele und Übungen des kommenden Tages wohl für Szenen und Momente in deiner Klasse hervorrufen werden.

„Zücksack" / Krimskramsbeutel

Vor Beginn des Schuljahrs sammelst du bei dir zu Hause verschiedene kleine ausrangierte Gegenstände ein. Mit diesen füllst du einen Stoffbeutel etc. Fertig ist der „Zücksack". Am Ende der ersten Runde bittest du die Klassenmitglieder, von zu Hause je ein bis zwei weitere Gegenstände mitzubringen und für den Krimskramsbeutel zu stiften: eine extragroße Haarklammer, eine Gummifigur eines bekannten Animationsfilms, den alten Schlüssel zum ehemaligen Gartentor, einen Bauklotz und eine Puppenbürste aus den Zimmern von kleineren Geschwistern usw. Aus dem Zücksack herausgezogen regen diese Gegenstände in einigen Runden zu Ideen an – nicht zuletzt im Zusammenhang mit TÖRN.

Schreibheft SCHNELL, Textheft SCHÖN

Jedes Kind braucht zwei leere Hefte, ein Wort- und Spiel-Notiz- und Konzeptheft („Schnell") und ein Schönschreibheft („Schön"). Die beiden Hefte sollten gut sichtbar voneinander zu unterscheiden sein. Sie brauchen einen Schutzumschlag und bekommen einen würdigen Platz im Klassenzimmerregal. Ihr macht von Fall zu Fall aus, ob und wenn ja, welches der beiden Hefte, ob „Schnell" oder „Schön" oder beide mit nach Hause genommen werden sollen.

Beide „Wort-und-Spiel-Hefte“ dienen dazu, die in den Runden selbst verfassten Texte an einem Ort zu sichern und zu sammeln. Auch sollen Notizen über mündliche Übungen dort Eingang finden. Dann werden sich die Schüler:innen im Tandem bzw. im Doppeltandem regelmäßig über ihre Texte und Vorträge Rückmeldungen geben und ihre Notizen in das Wort-und-Spiel-Heft hineinschreiben. Und auch du als Lehrkraft hast mit dem Heft im Laufe des Schuljahrs die Möglichkeit, kommentierend auf die sich entwickelnde Sprachbeziehung der Schülerin, des Schülers einen Blick zu werfen. Was du dort lobend, ermutigend an den Rand der Verse und Schreibversuche notierst, befriedigt das Bedürfnis nach Bestätigung, Gesehenwerden, Fortschritt und innerem Wachstum.

Foto 1: Würfel selbst beschriften und losspielen

Ein Heft für die ganze Klasse – das Spieleprotokoll

Die Spiele der Runden werden nicht selten um die Wette gespielt. Im Downloadbereich befindet sich eine Kopiervorlage für ein Spieleprotokoll, in das die Schiedsrichterinnen Dragica und Giulia bzw. du selbst oder ein stellvertretendes Klassenmitglied die Ergebnisse dieser Spiele festhält.

Würfel und Klebeetiketten

Für einige Spiele bittest du pro Kind um zwei Würfel aus Brettspielen von zu Hause. Alternativ kannst du dir überlegen, idealerweise einen Klassensatz Würfel zu bestellen. Es gibt Würfel ohne Punkte, sprich mit leeren Flächen, im Internet zu bestellen. Die Würfel ab und zu neu zu präparieren, bedeutet für die Spieltandems keinen großen Aufwand.

Dazu kommen Klebeetiketten, entsprechend der Würfelgröße, erhältlich im Drogeriemarkt bzw. im Schreibwarenladen.

Das Würfelaufgebot in Klasse 5

- Letternwürfel 1: G – V – Sch – B – U – E.
- Letternwürfel 2: F – W – A – Z – K – S.
- Letternwürfel 3: D – H – I – L – M – N
- Letternwürfel 4: O – P – R – St – T – Sp
- Mordswürfel 5: C – J – X – Y – Q – Äu
- Gusto-Würfel: nach eigenem Geschmack: Alle Lettern bzw. Laute der genannten Würfel plus: „Eu“, „Au“, „Pf“, „K“, „Ä“, „L“, „Ö“, „Ü“ und „R“.

Hotel Wort und Spiel – die Thekenklingel

Sowohl in den Wettkampfrunden als auch für intensive Schreib- und Spielphasen am Tisch hat sich eine Hotelrezeptionsklingel bewährt. Die Stoppuhr kann im Mobiltelefon als App benutzt werden. Doch hat das Schlusssignal einer abgemachten Zeitdauer meines Erachtens mehr Würde und Verbindlichkeit, wenn es von einer gegenständlichen Tonquelle her erklingt.

Gegenseitiges Loben

Wenn Nikita im grammatikalischen Wettkampf für sein Team den entscheidenden Punkt geholt hat, so hat er das Recht, „Ich bin toll!“ zu sagen. Ebenso ist es Laura gestattet, sich mit diesem ritualisierten Satz selbst zu loben, wenn sie in einer Besprechung zu viert merkt, dass die anderen am Tisch ihren Text tatsächlich sehr gut, lustig, spannend, besonders finden. Und die anderen? Sie haben die vornehme Pflicht, mit „Das stimmt!“ zu antworten. Wenn du diese Abmachung zunächst vielleicht künstlich oder gar albern finden magst – es ist ein Geheimnis eigener Art, wie „positive Sprechakte“ selbst noch im ironischen Duktus die Stimmung einer Klasse förderlich beeinflussen.

Erstes Quartal: hineingeraten

1. Runde eins – „Kennen wir uns?“

Ritual laut: „Blabb!“ mit „A“

Wo: im Wachmach
Womit: Notizheft SCHNELL + Sprechblatt M1
Wofür: Lesefertigkeiten anbahnen – „sprachliche Mittel sammeln“ – „sich ausdrücken“ – „sichere Worterkennung“ – „Laut“ – „Buchstabe“ – „Silbe“ – „Kernwörter“ – „gestalterische Mittel sammeln“ – Wortschatz – Rechtschreibung – Ausdruck – Lust an der Selbstwirksamkeit – Spaß

Foto 2: Je offener der Mund, desto mundiger das „A“

DEE AUF EINS

„Blabb!“ bedeutet Mundgymnastik und Klangspaß. Wir öffnen unsere Münder bis hin zu Grimassen und bringen so Musik in die Wörter. Nebenbei bringen wir die Laute in Dialog mit den Buchstaben und widmen uns Rechtschreibfragen: Mal „klingt ein Wort so, wie es geschrieben wird“ – und mal unterscheiden sich Schriftbild und Höreindruck. So sprechen wir uns im Laufe eines Schuljahres vollmundig – „Blabb!“ halt – durch das Alphabet. Während Rechtschreibstrategien Regeln wie Planken aufstellen, auf denen die Lernenden über den Fehlersumpf hinübergehen können, folgst du mit „Blabb!“ einem anderen Kalkül: Einzelne Wörter haben einen starken lautmalerischen Charakter, der sich im Gedächtnis festsetzen kann. Indem wir die Wörter voll in den Mund nehmen und uns im Anschluss und im Konzert mit anderen schreibverwandten Einzelvokabeln auch über deren Schreibweise austauschen, verknüpfen wir das Wissen über manche Schreibregel oder Schreibausnahme mit dem sinnlichen Worterleben.

RBEREITUNG

Du machst es dir bequem und lässt dir vor jeder Runde die gut abgeschmeckte Auswahl leckerer Sprechwörter und Vokabeln der jeweiligen Runde auf der Zunge zergehen. Es geht hier nicht nur um Wörter, die z. B. mit dem Laut „A“ beginnen (Abend), sondern auch um Wörter, die ein „A“ in der Mitte („Terrasse“) oder am Schluss tragen („Pizza“).

Am besten druckst du zwei Seiten von Material 1 aus dem Downloadbereich aus und klebst sie auf dünnen Karton. Jetzt habt ihr zwei Vortragstafeln für das „Blabb“-Ritual mit wechselnden Akteuren s. u.

Und das sind meine zwölf Vorschläge für die A-Vokabeln von Runde 1:

(1.– 6. kurz:) 1. „als“ – 2. „Ananas“ – 3. „Alabaster!“ – 4. „abrackern“ – 5. „Mammut“ – 6. „Hand“ – (7. lang oder kurz:) „Afrika“ (8.–12. lang:) – 8. „Es war einmal ...“ – 9. „Aha!“ – 10. „Banane“ – 11. „Nase“ – 12. „Hurra!“

Bildung zweier Gruppen: Wahrscheinlich gibt es auch im Zimmer deiner Klasse eine Fensterseite und eine Seite, die dem Schulflur näher liegt. Dementsprechend ermunterst du die Klasse, sich in zwei Gruppen einzuteilen. Du nennst die Gruppen der Einfachheit halber „Flur“ und „Fenster“. Diese beiden Gruppen werden das Schuljahr über in jeder Runde gegeneinander antreten, sich gegenseitig anspornen, sich die Möglichkeit geben, Spiellust zu entfachen, kleine Siege zu feiern bzw. zu gönnen. Du ermunterst beide Seiten, sich einen Namen zu geben. Wenn das geschehen ist, entsenden beide Gruppen eine:n Vorleser:in sowie zwei Schreiber:innen zu dir nach vorne. Sie bekommen die Handzettel ausgehändigt. Im Wechsel sprechen sich beide Gruppen durch die Reihe der A-Vokabeln.

Parallel dazu schreiben Danylo (Flur) und Laura (Fenster) – sie hatten sich ebenfalls gemeldet – die 12 Vokabeln als Diktat auf eine Tafelseite (nach Möglichkeit umgeklappt).

ABLAUF

Die Stühle werden nah an den Tisch geschoben, für den sogenannten „Wachmach“. Helge vom „1. SC Flur“ und Christopher von der „Spielvereinigung/Spvg Fenster“ kommen als die Vorsprecher ihrer Gruppe nach vorn. Jedes der 12 Wörter enthält eine kleine Szene oder Geschichte. Und die kitzelt der Vorsager aus dem Wort heraus. Die Klasse spricht nach. So wird jedes Wort zwei Mal realisiert. Es klingt im Raum, entfaltet sich akustisch.

Die zwölf Wörter im Hin und Her von Vorsprechen und Nachsprechen sind das Thema. Diese Wörter haben etwas zu sagen. Aber was ist das? Es wird zum Klingen gebracht. Wir reden nicht über diese Wörter, sondern wir verwirklichen sie. Wir setzen sie in die Luft, bringen die Klassenzimmerwand mit ihnen zum Wackeln oder belustigen uns an ihnen. Es entstehen, vielleicht schon in der ersten Runde, auf jeden Fall aber nach und nach, Mikromomente und Miniinteraktiönchen zwischen uns. Die Wörter regen uns an. Wir werden wach durch sie.

1. Helge: „als" – Flur: „als" – Christopher: „als" – Fenster: „als" 2. Helge: „Ananas" – Flur: „Ananas" – Christopher: „Ananas" – 3. Helge: „Alabaster!" – Flur: „Alabaster!" – Christopher: „Alabaster!" – Fenster: „Alabaster!" – 4. Helge: „abrackern" – Flur: „abrackern" – Christopher: „abrackern" – Fenster: „abrackern" ... (bis 12.)

Haben wir die zwölf Vokabeln auf diese Weise miteinander erlebt, dann widmen wir uns als Zweites eben noch der Frage, wie die skandierten Wörter denn geschrieben werden. Helge schlägt die Klapptafel um. Die Klasse liest. Im „Annanas" von Helge ist ein „n" zu viel? Roxanne hat es entdeckt. Roxanne darf deswegen sagen: „Ich bin toll." Die Klasse antwortet aus Spaß am Machen: „Wirklich toll." Helge, weil er die Wörter aufgeschrieben hat, sagt den Satz kurzerhand auch: „Ich bin toll." Und die Klasse muss antworten: „Ja, das stimmt." Alle, die eine weitere Beobachtung kundtun, wie etwa

Nurit: „Das *Es war einmal* ... ist mehr als ein Wort, das ist ein Satzanfang."

dürfen sich kurzentschlossen anschließen und „Ich bin toll" sagen. Damit es nicht ausufert, ist in jedem Blabb-Teil Platz für drei „Ich bin toll"-Sätze. Abschließend bittest du alle, sich ein bis drei der Wörter in das Wort-und-Spiel-Heft SCHNELL zu schreiben; entweder, weil das Wort persönlich neu ist oder weil die Schreibweise nicht bekannt war oder weil das Wort beim Sprechen Spaß gemacht hat.

ICH, DU, ER, SIE, IHR, WIR ALLE

- einbinden: Es besteht die Chance, Kindern, die noch nicht wirklich in der deutschen Sprache angekommen sind, auf musikalischem Weg entgegenzukommen: Die deutsche Sprache hat einen Sound, wie jede Sprache, jeder Dialekt, jeder Slang. Dass das „u" im Deutschen für das Dunkle zuständig ist, ist eine Tatsache, usw.
- einbetten: Marko weigert sich, aufzustehen. Er darf heute sitzen bleiben. Du vereinbarst mit ihm, dass du in dein Wort-und-Spiel-Heft notierst, dass Marko sitzen bleiben durfte.
- einbetten: Valentina und Nikita halten beim Sprechen ihren Mund quasi geschlossen. Macht nichts. Auf keinen Fall solltest du sie ermahnen. Der Trick besteht darin, dass mit der Zeit und durch die pure Ausübung von Blabb auch die introvertierten Gemüter von der verlebendigenden Kraft des Sprechens erfasst werden. Und es ist schön, das mitzuerleben. Umgekehrt verdirbt das Ermahnen alles und erstickt die schöne Poesie und den sozialen Flow, den das Sprechen von ganz allein entfaltet, wenn ihr euch dem Sprechprozess ausliefert.
- trennen + lösen: Erik hat gestern Nacht zu lange vor dem Computer gesessen und gezockt? Schneide ihn heraus aus der gemeinsamen Situation. Er kann heute nicht mitmachen. Auch Erik wird heute geschont. Das Detail hältst du in deinem Wort-und-Spiel-Heft fest, aus Fairnessgründen.
- trennen + lösen: Manche in der Klasse überrascht dein Angebot möglicherweise komplett. Sie sind es nicht (mehr) gewohnt, körperlich, stimmlich ermuntert zu werden. Lass dich keineswegs von einzelnen Schüler:innen davon abhalten, mit Blabb! frischen Wind in die Klasse zu tragen, von Anfang an.

Wenig Zeit: Dann entfällt die Aufteilung in die zwei Teams.

Wodurch: Das Ritual lebt vom Grundsatz „Sprechen muss Mensch machen" (I.8).

Ritual laut: Sprechen & machen

Wo: im Wachmach
Womit: eigene Gliedmaßen, M2 Sprechen & machen
Wofür: Wortschatz – Körper – wach werden – Haltung – Atem holen – sich bewegen – zuhören – sich spüren – Gemeinschaft – Responsorik – alle Sinne aktivieren – Freude – Begriff „Wortfeld" verstehen

IDEE AUF EIN

Verben der Bewegung vollmundig artikulieren und die durch das Wort benannte Bewegung mit dem Körper zugleich darstellen.

Zur ausführenden Bewegung gehört das Sprechen und umgekehrt.

VORBEREITU

Wir sammeln und erstellen gemeinsam eine Liste mit Bewegungen. Hier sind einige meiner Favoriten:

„waten" – „gleiten" – „irren" – „marschieren" – „pilgern" – „schlängeln" – „schlappen" – „schlendern" – „spazieren" – „stapfen" – „stiefeln" – „stolzieren" – „tänzeln" – „trotten" – „schlurfen" – „staksen" – „stelzen" – „latschen" – „schlenkern" – „huschen"

ABLAUF

Wir schieben unsere Stühle so nah wie möglich an die Tische heran. Dann verschaffen sich alle eine ungehinderte Sicht auf den Bodenbereich vorn an der Tafel, auf dem die einzelnen Wörter mit den Gliedmaßen ausgelebt werden sollen. Wenn nötig, stellen sich Jalte, Christopher, Toni, Helge und die anderen in der hintersten Reihe auf ihre Stühle, um die Bewegungen vorn bei der Tafel sehen zu können. Wer vorn und vor den anderen steht, gibt den Impuls vor. Das bist zunächst einmal du. Du gibst also vor und sagst:

Du: „Ich – t r i p p l e, ich t r i p p l e !"

Für dieses „t r i p p l e" aktivierst du deine Füße, bringst sie zum Trippeln, du „wirst" zu diesem Trippeln. Die anderen hören und sehen dir zu – und übernehmen deinen Impuls. Die Klasse spricht im Echo nach:

Klasse: „D u t r i p p e l s t ! D u t r i p p e l s t !"

Als Drittes sprecht und trippelt ihr alle, du und deine Klasse.

Alle: „W i r t r i p p e l n ! – W i r t r i p p e l n !"

Giulia kann das auch. Sie hebt die Hand, zeigt allen an, dass sie das nächste Wort hineingeben will.

Giulia: „Ich sch l ei ch e, ich sch l ei ch e ..."
Klasse: „D u sch l ei ch s t, d u sch l ei ch s t."
Alle: „Wir sch l ei ch en, wir sch l ei ch e n ..."

DIFFERENZIERUNG

„Mehr!": Neben dem Wortfeld „Fortbewegung" können versuchsweise auch Bewegungsvokabeln wie „sägen", „schnitzen" oder „kreisen" imitierend ausgeführt werden.

Wodurch: Die Instanz dieser Übung ist der Leib (II.3).

Ritual laut: WörterBilderHoppla

Wo: in der Kreiskartoffel
Womit: Ball
Wofür: Durchblutung – Konzentration – Ausgeglichenheit – „Kernwörter" – Wortschatz – Ausdruck – Selbstwirksamkeit – „Bezüge herstellen" – „sich verständigen" – „erzählen" – „Präsentation" – „Sprechen und Zuhören"– „zu anderen sprechen" – „Identität ausdrücken"

IDEE AUF EINS

Wir werfen uns zeitgleich mit einem Ball ein Wort zu. Erik fängt den Ball und antwortet mit einem Wort, das ihm spontan zu dem zugerufenen Wort einfällt. Eine Kette aus Wortbildern, Assoziationen, entsteht.

VORBEREITUNG

Nimm bitte Platz in deinem Mußemusensessel und denke mit mir über das Verhältnis zwischen den Wörtern und unseren Bildern im Kopf nach. Ein Nomen wie „Eisbecher" besteht aus Buchstaben und aus Lauten. Man kann es richtig oder falsch schreiben. Man kann das Wort „Eisbecher" aber auch als Bild benutzen:

Sprich das Wort „Eisbecher" bitte einmal vor dir selbst aus und bemühe dich sofort im Anschluss daran, dir k e i n e n Eisbecher vorzustellen, k e i n e n Eisbecher in deiner Fantasie zu sehen.

Nehmen wir ein anderes Nomen, wie z. B. „Schürfwunde". Höre oder lese ich dieses Wort, so kann ich gar nicht anders, als in meiner Fantasie eine blutrote Stelle auf meinem Schienbein oder Oberarm zu sehen. Vielleicht erinnerst du dich an eine Verletzung auf dem Schulhof, als Toni bei einer Verfolgungsjagd gestürzt ist. Fast jedes beliebige Nomen eignet sich für dieses Spiel. Ich empfehle dir, nimm solche Wörter, die Dinge benennen, Dinge, die du greifen, anschauen, hören, spüren kannst. Außerdem wirst du schnell merken, ein Wort wie „Sport" macht weniger Lust, sich ein Bild kommen zu lassen, als z. B. das Wort „Bogenschießen". Denn das Wort „Sport" steht ja für fast unzählige Bilder aus Dutzenden von Sportarten. Auch andere Wörter wie „Liebe", „Film" oder „Musik" öffnen noch kein Bild in meinem Kopf. Umso mehr beginnt der innere Bilderspeicher, Bilder hochzuladen, wenn du ein Beispielwort für „Liebe" = „Herzchen", ein Wort für eine einzelne „Film"szene = „Duell" oder für ein „Musik"instrument = „Saxophon" findest.

Woran erinnert dich das Wort „Bocciakugel"? An den Strandurlaub vom vergangenen Sommer? Und dann sagst du deshalb z. B., wenn du als Nächstes mit dem Ball abgeworfen wurdest: „Strand" oder „Tennis" oder was du eben gesehen hast in deiner Fantasie.

ABLAUF

Du bittest die Klasse, wieder aufzustehen. Wenn Danylo, Carlota und Clara z. B. auf ihrem Teil des Tisches sitzen, Gibran, Yaron und Sophia u. a. sich dafür in den Raum zwischen den Bankreihen aufstellen, entsteht ein Menschenkreis, in dem ein Ball hin- und hergeworfen werden kann.

Allerdings teilen wir uns auf, indem wir uns im Kreis sitzend oder stehend durchzählen:

Helge: „Eins!" – Toni: „Zwei!" – Danylo: „Eins!" – Gibran: „Zwei!" – Yaron: „Eins!" – Carlota: „Zwei!" – Clara: „Eins!" ...

Die „Einsleute" stehen auf oder setzen sich aufrecht hin. Die „Zweileute" haben noch Pause und dürfen einfach zuhören. Du wirfst den Ball zu Metehan und sagst: „Löwenzahn." Metehan lässt das Wort „Löwenzahn" auf sich wirken und sagt:

Metehan: „Sonne!"

Er wirft den Ball, während er das Bildwort „Sonne" ausspricht, zu Giulia. Giulia fängt und antwortet mit „Sonnenschirm", während sie den Ball schon zu Mariam hinüberwirft.

Es gibt kein Richtig oder Falsch. Ein Bild im Kopf, das durch ein gelesenes oder gehörtes Wort entsteht, ist immer einfach plötzlich da, führt sich, mag sein, etwas wild auf und überrascht uns. Dieses Bild kommt von ganz allein, ohne uns zu fragen.

Jede:r kommt zwei Mal dran. Nach seinem zweiten Ballkontakt setzt sich Metehan oder verschränkt im Sitzen die Arme vor der Brust – zum Zeichen, dass er „fertig“ ist. Wenn alle „Einsleute“ zwei Mal drangewesen sind, stehen die „Zweileute“ auf, bzw. setzen sich empfangsbereit hin.

DIFFERENZIERUNG

„Mehr!“: Wenn Clara plötzlich denkt oder fühlt, dass die zwei zugerufenen Wörter von Maximilian und Erik soeben ein Gedicht wert wären, meldet sie sich:

Maximilian: „Türklinke“ – Erik: „Guckloch“ – Clara: „Stop: Eine Türklinke war verfeindet mit dem Guckloch. In derselben Tür ...“

VARIATION: Ihr nehmt euch fest vor, euch ein Bild in der Fantasie geben zu lassen, das nichts mit dem Bildwort zuvor zu tun hat:

Elias: „Türklinke“ – Jalte: „Hustensaft“

„Türklinke“ ist ein Wort, das für so manches Fantasiebild taugt. Vielleicht lässt Türklinke an spannende Buch- oder Filmszenen denken. „Hustensaft“, das könnte zur Not schon mit „Türklinke“ verknüpft werden, etwa dass die Türklinke gedrückt wird und ein Mensch in ein Krankenzimmer kommt, um einem kranken Menschen dort Hustensaft anzubieten. Aber das macht dieses Spiel auch so reizvoll. Versuch nur einmal, es besser zu machen. Finde ein Bild in deinem Kopf, das weiter entfernt ist von „Türklinke“: „Bürgersteig“ etwa oder „Gepard“? Oder wie wäre es mit „Säbelzahntiger“?

Wodurch: Dieses Spiel lebt von dem Bilder wägenden Denken (II.12).

Ritual leise: Alle gucken – gucken alle?

Wo: vor der Tafel bzw. in der üblichen Sitzordnung
Wofür: „aufmerksames Zuhören“ – „respektvolles Gesprächsverhalten“ – „sich verständigen“ – „soziales Handeln“ – „angemessen / adressatengerecht kommunizieren“ – „demokratische Gesprächskultur“ – Wahrnehmen – Aufmerksamkeit – Wertschätzung

IDEE AUF EINS

Die Klasse erwirbt sich ein Ritual, anhand dessen jedes Mitglied der Klasse den ihm zustehenden Respekt methodisch herstellen kann.

VORBEREITUNG FÜR DICH

Kannst du dir in zeitlichem Abstand zu dieser ersten Runde einmal bewusst machen, wie oft du selbst pro Woche vor einer Klasse stehst und Aufmerksamkeit benötigst? Schließe die Augen, imaginiere deine Klasse. Schau jeder/jedem deiner Schüler:innen in deiner Vorstellung in die Augen. Genieße in Vorwegnahme der realen Situation diesen Respekt.

Du erklärst die Spielregel, die besagt:

VORBEREITUNG IN DER KLASSE

Du: „Ich brauche eine/einen von euch. Es geht drum, nach vorn zu kommen und allen Mitschüler:innen in die Augen zu blicken. Dabei schweigen alle. Wer hier vorn steht, holt sich, weil wir uns den Raum geben, den aufmerksamen Blick der anderen ein. Wer grinsen oder lachen muss – das ist nicht schlimm. Aber Ziel ist es, nicht lachen oder grinsen zu müssen. Wir nehmen uns nämlich ernst. Und dieser Ernst hat etwas Schönes, etwas Ruhiges, etwas Klares, was jeder/jedem von uns einfach guttut.“

ABLAUF

Laura stellt sich vor die Klasse. Die Einladung, eine Mutprobe zu bestehen, hat sie gereizt. Laura steht und nimmt die Mitschüler:innen, eine:n nach der/dem anderen in den Blick, nicht musternd, aber ernsthaft. Laura darf von allen erwarten, dass sie angeschaut wird, ohne angefeixt oder irgendwie herabwertend behandelt zu werden. Ebenso ist es Lauras Aufgabe, während dieser Mutprobe nicht „einzubrechen“, sondern die Spannung aufrechtzuerhalten, weder loszugrinsen noch gar sich vor Prusten wegkrümmen zu müssen. Ziel jeder/jedes im Fokus stehenden Schüler:in muss sein, die Blicke aller Anwesenden, einschließlich der Lehrkraft, geschenkt zu bekommen.

ICH, DU, ER, SIE, ES, IHR, WIR ALLE

- einbinden: Gibt es kulturell bedingte Vorbehalte bei Einzelnen gegenüber der exponierten Position eines Mädchens in diesem Spiel? Entsteht dadurch eine kleine Irritation? Macht nichts, das gibt sich, das halten wir aus.
- einbetten: Einige Spieler:innen werden zu Beginn dieser Spielpraxis einen Lachanfall erleiden. Das kann sowohl im Plenum als auch bei denjenigen vor der Tafel passieren. Nicht rausbringen lassen, sondern dem Prozess, der Wiederholung und der Geduld vertrauen und für den Schüler, die Schülerin arbeiten lassen.

Wodurch: Der Leitgedanke hier ist: Bestätigung erhalten heißt Bedürfnisse befriedigen, heißt Kompetenzen erwerben (I.5).

Stoff: ein schulmädchen von Ernst Jandl

Wo: in der Sitzkreiskartoffel
Womit: Vortragsblatt M3
Wofür: „verstehend zuhören“ – „über Textwissen verfügen“ – Sitzruhe üben – lauschen, Aufmerksamkeit, ästhetische Sprache erfahren – sich irritieren, sich inhaltlich berühren lassen

DEE AUF EINS

Durch dosiertes, aber ritualisiertes Vorlesen, Zuhören und Reflektieren eine grundlegende Sprach-, Fühl- und Denkfreude entfalten. Gedichte in ihrer umfassenden Wirkung auf Geist und Seele selbstverständlich und individuell nahrhaft machen.

RBEREITUNG FÜR DICH

Mach es dir angenehm. Such dir einen guten Ort, an dem du das Gedicht als Ganzes und mit allen Sinnen geistig-seelisch in dich aufnehmen willst.

ein schulmädchen (Ernst Jandl)
die ferien sind alle
die schule ist die falle
ich bin die kleine maus
der lehrer sieht wie käse aus

(In: Ernst Jandl (1985): verstreute gedichte 1952–1985. In: Gesammelte Werke: Darmstadt/Neuwied: Luchterhand, S. 70)

Wie auch immer dir persönlich der lyrische Text gefällt – spüre dem kurz nach: „Verbinde ich mich als Person mit ihm?“ Was gefällt mir selbst an ihm, aber was vielleicht auch nicht?

EREITUNG IN DER KLASSE

Alle setzen sich bequem auf ihren Stuhl. Wer dadurch besser lauschen kann, darf gern den Kopf auf den Tisch legen.

ABLAUF

Du liest das Gedicht mehr als ein Mal vor. Erst wenn du signalisierst, dass dein Vortrag zu Ende ist, beginnen wir das Gespräch. Wichtig ist: Es geht um die persönliche Begegnung, es geht hier ausdrücklich nicht um stimmige Interpretation oder Analyse. Ihr habt die Uhr gestellt. Mehr als vier Minuten muss die Begegnung nicht dauern.

I, DU, ER, SIE, IHR, WIR ALLE

Wir sind alle verschieden und vielfältig. Weil ein Angebot kaum für alle gleich viel taugen kann: Haltet dennoch zusammen das Interesse für Poesie aufrecht. Du kannst durch deine eigene Haltung gegenüber dem Gedicht, indem du Euphorie, aber auch einmal persönliche Distanz zu diesem Gedicht äußerst, die individuelle Geschmacksbildung fördern. Ein Gedicht spannend oder uninteressant zu finden, darüber lohnt es sich auszutauschen. Für Gefallen oder Distanz gibt es Gründe.

Aber wer kommt drauf, dass das Mädchen, wiewohl es „die kleine Maus“ ist, am Ende Macht über den Lehrer erhält, weil dieser „wie Käse aussieht“? Frisst die Maus den Lehrer? Zum Glück, er ist kein Käse, er sieht nur so aus. Ist die Schule eine Falle? Nur, wenn der Spaß aus ihr entfleucht.

- trennen + lösen: Metehan hat sich auf das Thema und auf die Stoßrichtung von „ein schulmädchen“ nicht recht einstellen können. Erik nutzt das Gedicht, um eine abfällige Bemerkung loszuwerden. Das macht aber nichts. Lyrik ist nicht dazu da, verehrt zu werden. Lyrik kommt selbst oft genug nur um die Ecke, um „zu stören“: unsere Vorstellungen von gut und schlecht, richtig und falsch, normal und abnormal. Du aber kannst in Runde zwei einfach das nächste Gedicht vortragen und weißt, dass poetische Bildung, in kleinen Dosen und kontinuierlich verabreicht, ihre Wirkung nicht verfehlt.

Wodurch: Die leitende Instanz hier ist die Überlieferung (II.10).

Spiel: Apropos

Wo: in der Sitzkreiskartoffel
Wofür: „Lesefertigkeiten anbahnen“ – „sprachliche Mittel sammeln“ – „sich ausdrücken“ – „sichere Worterkennung“ – „Laut“ – „Buchstabe“ – „Silbe“ – „Alphabet“ – „Kernwörter“ – „gestalterische Mittel sammeln“ – Wortschatz – Rechtschreibung – Ausdruck – Lust an der Selbstwirksamkeit – erzählen, Spannungen abbauen, gemeinsam lachen

IDEE AUF EINS

Es wird reihum drauflos erzählt. Alle hören genau zu. Mette lauscht Laura und unterbricht sie schnöde („Apropos Frühstück!“), sobald sie zu einem aufgeschnappten Stichwort („Frühstück“) in Lauras Erzählung etwas assoziieren kann.

VORBEREITUNG

1. Möglichkeit: Wir bauen einen Stuhlkreis in der Mitte des Zimmers. Jacken und Pullis verbleiben an der Garderobe außerhalb des Raumes. Alle Tische werden an die Wand gerückt. Es müssen so viele Sitzplätze wie anwesende Teilnehmer:innen hergerichtet werden.

Das Lehrerpult wird wie ein Schüler:innentisch behandelt und ebenfalls in den Ring der umlaufenden Tische integriert. Die Stühle des Raumes stellst du großzügig zu einem Stuhlkreis auf. Jede:r Lernende ergreift Besitz von ihrer/seiner Tischhälfte und legt dort Schreibzeug bereit für etwaige Notizen.

Du zählst durch und schaust, dass die Anzahl der Stühle, die Anzahl der Schreibplätze am Tisch und die Anzahl der Schüler:innen übereinstimmen. Die Lernenden setzen sich in den Kreis.

2. Möglichkeit: Wir setzen uns teilweise auf die Tische, Nikita, Nurit und Natalya, Yaron und Toni füllen mit ihren Stühlen gewisse Lücken zwischen Klassenzimmerwand und Tischreihen ... Und so bilden wir einen improvisierten Erzählkreis, die sogenannte Sitzkreiskartoffel

ABLAUF

Du beginnst und sagst zu Yaron, links von dir:

„Also, mir ist gestern was passiert. Ich komm ins Bad und da liegt bereits ein Klecks Zahnpasta auf meiner Zahnbürste. Und ich weiß ganz genau: Ich hab den nicht selbst draufgedrückt.

Das war jemand anderes. Vielleicht mein Mann? Oder meine Tochter? Oder der Schornsteinfeger?"

Erik hört aufmerksam zu. Er hat einen Grund: Er will dir das Wort abschneiden, so schnell er kann. Drum lauert er nur darauf, bis du ein Wort fallen lässt, das er aus deinem Satz entnehmen kann, um es selbst in eine eigene erfundene Story einzuflechten.

Erik: „Apropos Schornsteinfeger ... – Mein Papa ist Schornsteinfeger. Und weil er Schornsteinfeger ist, kommt er immer ganz schwarz nach Hause ..."

Erik will mit Reden fortfahren – da unterbricht ihn bereits Max, er sitzt links neben Erik und sagt:

Max: „Apropos schwarz ... – Ich hab eine schwarze Katze gesehen, die ist über den Schulhof gelaufen."

Max erwartet vielleicht, dass er seinerseits rasch unterbrochen werden wird. Doch Nurit, die links von Maximilian sitzt, hakt erst einmal überhaupt nicht ein. Dann wird die Klasse teilweise unruhig und Nurit erlöst uns plötzlich doch noch und sagt, als Max etwas vom Milchschälchen seiner Katze erzählt:

Nurit: „Apropos Milch ... – Ich hab eine Lactoseintoleranz. Ich darf keine Milch trinken."

Und schon ist Nurit zu Ende! So rasch, dass Valentina, ihre linke Nebensitzerin im Kreis, nicht weiß, wie sie weitermachen soll. Du überbrückst und gibst ihr ein Erzählangebot. Nach Valentina kommt Jalte dran usw. Das Spiel ist zu Ende, wenn alle Kinder reihum drangekommen sind.

Der Clou an diesem Spiel ist: Nichts muss stimmen, aber alles zählt. Das Kluge besteht neben dem Schlichten, das Spannende neben dem Sachlichen. Mit „Apropos" erlebt sich die/der Schüler:in (sofern sie oder er kein generelles Thema mit Hemmungen hat), als redewirksam. „Zwar hab ich noch nicht wirklich etwas zu sagen, aber ich bin bereits mitten drin." Bleibt der Inhalt auch noch unwichtig – die Haltung wird bereits eingenommen.

Die Krux des Spiels ist auch schnell verraten: Zuhören ist absolute Voraussetzung. Sobald ein:e Zweite:r im Stuhlkreis parallel redet, leidet die Spielenergie. Und nur, wenn Samir seinem rechten Nebensitzer Nikita wirklich gut zuhört, kommt er in den Genuss, auf besonders gewitzte Weise selbst ins Reden zu geraten. Je besser ich zuhöre, umso gekonnter kann ich sprachlich dazwischengrätschen.

Mein Tipp: Klammert alle Meinungsäußerungen wie z. B. „Ich mag Regen überhaupt nicht" für das Spiel komplett aus. Erzählt oder berichtet stattdessen von unwahren Begebenheiten aus eurem erfundenen Leben. Ein Satz „Ich mag Bahnhöfe nicht, da ist alles immer so hektisch und laut" eignet sich für „Apropos" gar nicht, dafür erzählende Sätze wie: „Gestern sind wir zum Bahnhof gefahren, und da ist der Bus im Stau stecken geblieben." (Erzählung) Oder möglichst konkrete Beschreibungen: „Wenn du zum Bahnhof willst, dann musst du erst mal hoch, dann die Straße überqueren und dann dich immer links halten." Am besten ist es darum, du machst der Klasse pauschal vorab das Angebot: „Lasst uns in diesem Spiel von Dingen erzählen, die überhaupt nicht stimmen."

ICH, DU, ER, S IHR, WIR ALL

- einbinden: Hast du Kinder mit anfänglichen DaZ-Kenntnissen in der Klasse? Setze immer links von einem dieser Kinder ein leistungsstarkes Kind, das Wörter wie „Smartphone" oder andere Vokabeln aus der sogenannten „Lingua Franca" einstreuen kann. Auch könnt ihr euch mit Englisch und einer anderen Weltsprache, die an der Schule gelernt wird, helfen.
- einbetten: Im Sprechen oder motorisch, kognitiv oder psychisch eingeschränkte Schüler:innen können einfach im Kreis mit dabei sein und erleben, wie die Übung auch bei ihnen Station macht. Auch nonverbale Reaktionen sind willkommen. Die nächste Person kann aus einer Geste etwas herauslesen. Du kannst ihr dabei helfen. Selbst wenn Marko auch nur mit der rechten Hand gefuchtelt hat, kann Metehan weitermachen, etwa: „Scharf, apropos scharf, ich hab letzte Woche im Restaurant ein Essen gegessen, das war sooo scharf ..."
- trennen und lösen: Elias oder Jalte wollen nicht mitspielen, während Giulia und Dragica bei diesem Spiel leuchtende Augen bekommen? Es ist nicht der Moment, das Spiel durch eine unterrichtliche Forderung zu beschweren, ihm seinen Fluss zu rauben. Das Schuljahr hat erst begonnen. Du hältst in deinem Wort- und Spiel-Journal fest, wer aussetzt, und dann spielt ihr einfach los. Allerdings sollten die, die aussetzen, dennoch im Kreis sitzen. Sie sollen gestisch kenntlich machen, dass sie übersprungen werden sollen.
- Wenig Zeit: Lass die Schüler:innen „Apropos" in Tandems spielen. Dann wird es eben laut und die Mutprobe, vor der ganzen Klasse zu plappern, fällt aus.
- Noch mehr!: Das Spiel hat das Zeug zum Evergreen? Nach Runde zwei trotzdem besser eine Pause einlegen und für die Weihnachtsfeier aufsparen.
- Wann noch?: Du kannst das Spiel direkt als Aufwärmspiel vor einer Unterrichtseinheit zum Thema „Meinungen äußern" oder „Den eigenen Standpunkt vertreten" spielen.
- Wie noch?: „Apropos – mal was ganz anderes." Für wache Erheiterung sorgt, wenn Roxanne in den Auslassungen ihrer Vorrednerin Clara ein Wort aufspießt („Apropos Hornisse!"), um dann mit etwas völlig anderem fortzufahren: „Ich sammle sehr gerne Teddybären ..."

IDEE AUF EINS / VORBEREITUNG / ABLAUF / ICH, DU, ER, SIE, IHR, WIR ALLE are margin icon labels.

Wodurch: Wir unterscheiden zwischen eigentlich und uneigentlich (III.11).

Spiel: Lettern würfeln Wörter

Wo: am Austauschtisch
Womit: Würfel mit Aufklebern
Wofür: „sich mit sprachlichen Strukturen auseinandersetzen / sprachliche Strukturen gezielt nutzen" – „appellieren" – Sprechakt / Handlungsdimension von Sprache – „Imperativ" – „Infinitiv" – „Singular" – „Plural"

IDEE AUF EINS

Einzelne Buchstaben bzw. Laute führen zu Wörtern hin. Die Kinder wecken ihren inneren Wörtervorrat auf.

VORBEREITUNG

Würfel und Aufkleber besorgen. Zu zweit zusammengehen. Die leichtesten Wortfindungen kommen zustande, wenn aus der Würfelsammlung folgende Würfel benutzt werden:

- Letternwürfel 1: G – V – Sch – B – U – E
- Letternwürfel 2: F – W – A – Z – K – S

ABLAUF

Raquel würfelt als Erste. Entsprechend ihrem gewürfelten Buchstaben bildet sie spontan ein Wort, das genau diesen Anfangsbuchstaben trägt. Zwischen den beiden läuft etwa folgender Spieldialog ab:

Raquel: „U – U-Bahn" / Roxanne: „D – Delphin" / Raquel: „Eu – Eule" / Roxanne: „Sch – Schicksal"

Ist der Würfel ausreichend „befragt" worden, ist das Spiel zu Ende.

ICH, DU, ER, SIE, IHR, WIR ALLE

VARIANTEN:

- einbinden: Es können auch Wörter aus anderen Sprachen gebildet werden.
- einbetten: Wenn Marko die Wörter nicht schnell genug einfallen? – In ungleich starken Spieltandems kann auch eine Person eine Führungsrolle einnehmen.
- „Miteinander gegen die Uhr": Raquel würfelt ein „R". Roxanne findet dazu das Wort. Dann würfelt Roxanne – und Raquel darf das dazugehörige Wort ermitteln. Du drückst auf die Stoppuhr und lässt an den Tischen so viele Wörter wie möglich „erlettern", wobei Elias und Jalte zwar immer abwechselnd würfeln, sich aber gemeinsam um das nächste Wort bemühen.

- Das längste Wort gewinnt.
- Gegeneinander im Tandem am Tisch
- Gegeneinander, „1. SC Flur" gegen „Spvg Fenster"
- Seltenheiten: Die nächsten beiden Würfel mit nicht mehr ganz so vielen Wortfindechancen bekleben:
  - Letternwürfel 3: D – H – I – L – M – N
  - Letternwürfel 4: O – P – R – St – T – Sp
  - „Mordswürfel" 5: C – J – X – Y – Q – __
  - Gusto-Würfel: Raquel hat ihren Würfel nach eigenem Geschmack beschriftet mit „E", „I", „Eu", „Au", „O" und „U". Roxanne hat den ihrigen spontan mit „Sch", „B", „D", „Pf", „K" und „R" versehen.

Wodurch: Die leitende Instanz hier ist das Spiel (II.1).

Übung: Wortschatz-TÖRN 1 – 7

INTRO zu TÖRN

TÖRN ist ein Spiel und ein Modell. Das TÖRN-Motto lautet: „Die Wirklichkeit in deinen Händen". Auf insgesamt 49 unterschiedliche Arten bewegen wir unsere Hände (pro Runde lernen wir sieben Regungen kennen). Jeder Dreh (daher der Name „TÖRN") animiert uns zu einem Wort oder zu einer Vorstellung in unserer Fantasie. Mit TÖRN schreiten wir anhand der Wörter, die uns einfallen, durch erfahrbare wie durch imaginäre Welten. Dabei lernen wir neue Wörter kennen und bereits bekannte besser verstehen. Die 49 Bewegungsangebote beleben uns an sich. Das liegt daran, dass alles, was wir mit voller Absicht in die Darstellung bringen, also zeigen bzw. hörbar machen, uns Energie zuführt (siehe Grundsatz III.6 im Downloadmaterial). Doch sind diese 49 Bewegungen hier ein Mittel, um eine sprachliche Suchbewegung anzuregen. Wichtig: TÖRN ist ein Spiel, keine Lehre, kein Programm, das du und deine Klasse sich erst „hart erarbeiten" müssten. Es braucht zwar durchaus einige Wochen, bis alle 49 Bewegungsangebote eingeführt sind. Aber das geschieht nebenbei.

Wo: am Austauschtisch
Womit: eigene Hände, M10 TÖRN
Wofür: „sich verständigen" – „sich mit sprachlicher Vielfalt auseinandersetzen" – „erzählen" – „sprachliche Vielfalt gezielt nutzen" – „erklären" – Begriffsbildung – Denken in Sprache – Wortschatz – Imagination – Erzähl-/Schreibstrategie – Spaß – Satzbau

IDEE AUF EINS

Anhand der Wörter bzw. Begriffe „(sich) dehnen", „sprühen" / „streuen", „schweben" / „fliegen", „vor und zurück", „hin und her", „rauf und runter" und „weiterfließen" eine Szene mit den eigenen Händen entwerfen und umfänglich formulieren.

VORBEREITUNG

Mach es dir am Vortag deiner ersten Runde im Sessel bequem und lerne die ersten sieben Bewegungen des TÖRN-Modells, die freizügigen, räumlich und zeitlich fast noch enthobenen STRÖMUNGEN kennen. Nimm deine Hände. Halte sie vor dich hin. Gib ihnen Namen. Meine Hände heißen Hü (linke) und Hoi (rechte Hand). Zwei frische, aber kurze Namen, die die Kommunikation in der Klasse später erleichtern. Alle sollten dann diese Namen verwenden. Wenn du andere Namen für deine Hände und die deiner Klasse haben möchtest, ist das natürlich fein. Ich werde ab jetzt hin und wieder *Hü* zur linken und *Hoi* zur rechten Hand sagen.

Der erste Dreh von insgesamt 49 Drehs ist ein „Dehnen", ein Sichausdehnen der Hände im Raum. Deshalb folgen die Arme ihren Händen beim „Weit-und-breit"-Werden. Damit ist TÖRN, das Spiel, in Gang gesetzt. Vorher ruhten die Hände vielleicht noch in deinem Schoß. Aber jetzt sind Hü und Hoi „in etwas hineingeraten".

TÖRN, so die Spielidee, umfasst alles, was du dir vorstellen kannst, sowie alles, was dich betrifft, also deine komplette Situation, bewusst und unbewusst, in einem Körper, in Raum und Zeit gestellt. Mit TÖRN sollst du Lust kriegen, diesen „gesamtheitlichen Umstand", produktiv zu gestalten. Darum, kommen wir zum zweiten Dreh von 49: Spreize als Nächstes die Finger und stell dir vor, es „sprühe" oder aber es spreize sich etwas aus, ein Regen, oder dass etwas sich verstreut, wenn du die Finger deiner Hände spreizt, Konfetti usw.

Lass die Hände nun in der Luft „schweben" oder aber auf dem Knie, der Tischplatte „kriechen". Das war der dritte Dreh. Jetzt bewegen sich Hü und Hoi „vor und zurück" (vierter Dreh), dann „hin und her" (fünfter Dreh), dann „auf und nieder" (sechster Dreh). Für den siebten Dreh „fließen" oder „fliegen" bewegen sich Hü und Hoi einfach „weiter", egal ob vorwärts, rückwärts oder seitwärts. Das war der unspektakuläre siebte Dreh. Stets bist du frei, die Bewegungen auch nur mit einer Hand zu vollziehen.

ABLAUF

Zunächst stellst du die Hände mit Namen vor. Clara und Sophia, Toni und Helge, Mariam und Natalya – alle, die nebeneinandersitzen, kehren sich zu zweit (wenn nötig zu dritt) zueinander. Du stellst der Klasse die sieben Bewegungen vor. Dabei lässt du deinen Worten freien Lauf. Um die einzelne Bewegung zu erklären, setzt du am besten mehrmals an. Du umkreist mit deinen Worten das, was die Hände beim jeweiligen Dreh eben tun, z. B. beim ersten Dreh: „Meine Hände waren gerade noch ganz ruhig – aber jetzt breiten sie sich aus. Wo breiten sich eure Hände aus? Meine dehnen sich im Weltall aus. Und eure?

Mette: „Vielleicht in Styropor?"

Mettes Antwort überrascht dich? Nimm sie an! Es gibt kein richtig oder falsch ...

Laura: „In einem Bällebad!" – Jalte: „Unter Wasser!" – Natalya: „In den Ferien." – Erik: „In Kacke!" – Du: „Igitt!" – Nikita: „Beim Fußball!" ...

Je mehr Kinder sich nun melden, desto mehr Wörter werden gebraucht, um die konkrete Vorstellung der Einzelnen zu kommentieren. Wenn Gibran oder Elias die Wörter fehlen, können sie dennoch die Bewegung und ein kleines privates „Fantasievideo" vor ihrem geistigen Auge ablaufen lassen. Sie werden angeregt durch das, was die anderen sagen. Du gibst das Gespräch pro Dreh, also pro Handaktion, für ein paar Sekunden an die Tischgespräche ab – bevor du den nächsten Dreh, das „Sprühen, Spreizen, Dehnen" usw. thematisierst. Du kannst fragen:

Du: „Wo sind eure Hände jetzt gerade? Meine Hände streuen Konfetti auf einem Geburtstagsfest."

Auch die Frage, was hier verstreut wird, bringt Ideen auf:

Metehan: „Pfefferkörner." – Du: „Hast du für uns einen ganzen Satz dazu?" – Metehan: „Meine Hand heißt ‚Pusch', und die streut Pfefferkörner." – Du: „Und wo streut ‚Pusch' die Pfefferkörner?" – Metehan: „Ich streu die in der Küche bei uns zu Hause."

Was auch immer die Kinder „streuen" wollen, oder was die Finger ihrer Hände auch immer ver„sprühen" wollen oder sollen – die Wörter „sprühen" und „streuen" fallen, die Klasse nimmt diese Vokabeln in den Mund und bildet ausgehend von ihnen ihre Sätze. So gehst du mit ihnen auch bei Dreh drei, „schweben", vor. Als Nächstes strömen Hü und Hoi vor und zurück" (Dreh 4), dann „hin und her" (Dreh 5), sie steigen auf und sinken nieder, flattern auf und taumeln nieder, werden hinaufgepustet und wieder nach unten fallen gelassen (6. Dreh). Schließlich „fließen" die Hände einfach „weiter" (7. Dreh).

DIFFERENZIERUNG

- einbinden: Aller Schulerfahrung nach gibt es in jeder Klasse Persönlichkeiten, die mit Vorschlägen mündlich geradezu herausplatzen, wenn du ihnen dieses TÖRN-Forum bietest. Introvertierte Kinder haben aber auch etwas davon, wenn die Redseligen unter ihnen sich äußern. Sie hören, was das Wort „sprühen" etwa bei unterschiedlichen Personen auslöst, und werden es ganz bestimmt in ihrem eigenen Sprachlernspeicher abspeichern. Und dann kommt in Runde zwei die TÖRN-Partnerarbeit hinzu, innerhalb derer sich auch die Stillen und die Schüchternen zu Wort melden werden.
- Kindern mit Deutsch als Zweit- oder Drittsprache kannst du aus deinem persönlichen Sprachenreservoir, Englisch, Französisch, Gebärdensprache usw. noch andere Signale geben.
- einbetten: Auch wer motorisch eingeschränkt ist, lernt bis zum Schuljahresende bestimmt alle 49 Bewegungen.
- trennen + lösen: Gibran und Danylo machen sich lustig über das Lernangebot. Warum sie nicht nach vorn holen und sie zu Assistenten im Learning by Doing machen? Wer gar keinen Bezug zu seinem Körper aufbauen kann, muss nicht gezwungen werden: TÖRN hat Zeit.

- Es reicht ...: Wer mit drei Bewegungen gesättigt wurde, darf Pause machen.
- Wenig Zeit ...: Geht die sieben Bewegungen als Potz-Blitz-Aufgabe durch.
- Andere Namen: Für den Fall, dass die Klasse mit den Namen Hü und Hoi nicht leben mag, ist es ratsam, eine Findungsphase für alternative Namen zu organisieren. Auch kann es sinnvoll sein, dass jedes Kind ganz eigene Namen an seine Hände vergibt. Dann gibt es eben zwei Obernamen: Hü & Hoi, Trix & Trax o. Ä. Nur sollten alle Namen kurz, am besten einsilbig sein. Oder aber die Schüler:innen finden sie im Laufe der Runden angeregt durch „Blabb" oder die Wörtertänze.

Wodurch: Die Leitinstanz ist hier der Leib (II.3). Am Körper führt kein Weg vorbei. Die Sprache sitzt in unserem Leib. Wenn wir ihn in die Wortschatzarbeit integrieren, fallen die Schranken zwischen Bildungssprache und „Lebenssprachen", den individuellen wie den kollektiven.
Zu Letzteren gehört die Körpersprache und die Körperpoesie. Sprache ist zu einem großen Teil eine motorische Bewegung. Wenn sich die Finger meiner Hand spreizen, so werde ich als „Leibbesitzer" und „Körperinhaberin" auf mehreren Bewusstseinsebenen informiert.

Text: Superwort im Sprachensalon

Wo: bei mir selbst
Womit: Notizheft SCHNELL
Wofür: „über Schreibfertigkeiten verfügen" – „orthografisch schreiben" – „sprachliche Verständigung und sprachliche Vielfalt untersuchen" – „sprachliche Strukturen untersuchen und nutzen" – „vor anderen sprechen" – sich identifizieren, sprachlich sensibilisieren – Gespür für Wortarten entwickeln

DEE AUF EINS

Jedes Kind sucht, findet und sortiert zu vereinbarten Kategorien einzelne Wörter nach eigenem Geschmack und bringt diese als Autor:in wie als Sprecher:in in ein kollektives Spokenwordpoem ein.

RBEREITUNG

Die Schüler:innen sitzen an ihren Tischen entlang der Wände. Sie schlagen Seite 1 in ihrem leeren persönlichen Wort-und-Spiel-SCHÖN-Schreibheft (selbst gekauft, DIN A5) auf. Der Lieblingsstift oder ausgeteilte Bleistifte erleichtern das Losspielen.

ABLAUF

Alle sitzen mit Stift und Schreibheft an ihrem Schreibplatz. Wir einigen uns auf drei Superwortkategorien. Vorschlag: „schön", „eklig" und „lang".

Erster Akt: Zunächst sucht jede:r für sich ein schönes Wort. Es kann für den Einstieg sowohl ein *schön klingendes* Wort sein („Schwebebahn") oder ein Wort, das etwas *Schönes benennt* („Ferien"). Vor sich hin zu murmeln und zu raunen ist ausdrücklich erwünscht.

Mette: „Löwe" – Laura: „Blume" – Erik: „Netflix" ...

Hat jede:r mindestens ein persönlich als „superschön" geltendes Wort unter der Überschrift „Superwort" in das persönliche Heft geschrieben, kommt die zweite Kategorie dran: „Was ist das ekligste Wort, das du kennst? Bitte, schreib es in dein Heft." Wieder kann das Wort etwas Befremdliches benennen („Blut") oder aber einen unangenehmen Klang („Glibber") haben ... Auch zur dritten Kategorie – „lang" – wird gesammelt.

Zweiter Akt: Toni ruft als Superwort-MC diejenigen auf, nach vorn auf die Tafelvorplatzbühne zu kommen, die ihren Wortfavoriten in der Kategorie „schön" zur Wahl stellen wollen. Die Klasse stimmt nach Tonis Anleitung (Helge protokolliert an der Tafel) über das schönste Wort an diesem Vormittag ab. Das Gleiche wiederholt sich mit „eklig" und „lang".

In der Konzentration auf das einzelne Wort, und das ist hier der Clou, poetisiert und sublimiert sich der Intellekt. Kaum fällt der Satzbau weg, beginnen die Wörter im Ohr zu klingen, sich im Mund zu bewegen.

DIFFERENZIERUNG

- einbinden: Selbstverständlich sind Wörter aus allen (Herkunfts-)Sprachen der Schüler:innen willkommen.
- einbetten: Wenn der Wortschatz der Kinder stark beschränkt ist, kannst du an der Tafel Vorschläge hinschreiben, gegebenenfalls kann ein Vorschlag auch ins Ohr geflüstert oder auf einen Zettel geschrieben und hingeschoben werden.
- Tipp: Gerade der Dialekt kennt lautmalerische Kostbarkeiten. Falls es Schüler:innen mit Mundartkenntnissen gibt – Mundartvokabeln herzlich willkommen!
- Noch mehr: Nachdem ein Wort „gewonnen hat", bilden die Beitragenden vor der Tafel ein Sprechensemble und intonieren, eines nach dem anderen, ihr Wort. Ein Sprechgedicht erklingt, eine Kette aus schönen Wörtern zum Zuhören für die Klasse.

Schlaglicht Grammatik

„Superwort" beschäftigt sich nicht nur mit Nomen, sondern auch mit Adjektiven. Sie bilden die Kategorien: *schön, lang, eklig* usw. Sie werden zudem gesteigert.
Mettes Superwort in der Kategorie „lang" ist „Abendhimmelwolkenwand". Roxanne aber kontert mit ihrem Superwort in dieser Kategorie, nämlich „Fußballtornetzmaschenluftloch" und sagt: „Mein Wort ist länger als deins, Mette!"

Wodurch: Zur Welt kommen heißt zum Klang kommen. Seit den Tagen des Spracherwerbs in der elterlichen Wiege ist der Klang der Wörter nur vermeintlich verblasst.
Die erste Wortart nach der Interjektion, und aus dieser geronnen, sind die Namen „Au-do", „Mam-ma", „Duhl" usw.

Im Mythos vom Paradies stellen Namen eine Ursprache dar: Adam soll den Tieren Namen geben. Dieser mächtige Zauber des Benennens wohnt noch immer in den Nomen (II.7).

2. Runde zwei – „Angenehm!"

Ritual laut: „Blabb!" mit „Ä", „Au", „Äu" – s. o. Runde 1

Wo: im „Wachmach"
Womit: Notizheft + Sprechblatt M1
Wofür: Lesefertigkeiten anbahnen – „sprachliche Mittel sammeln" – „sich ausdrücken" – „sichere Worterkennung" – „Laut" – „Buchstabe" – „Silbe" – „Alphabet" – „Kernwörter" – „gestalterische Mittel sammeln" – Wortschatz – Rechtschreibung – Ausdruck – Lust an der Selbstwirksamkeit

IDEE AUF EINS

Wir machen vollmundige, gut gelaunte „Einzelwortmusik". Nebenbei vergleichen wir ausgesuchte Lautklänge mit ihren Schriftbildern.

VORBEREITUNG

Auch diese Wörter tragen Ereigniswerte in sich:
1. „Äh" – 2. „später" – 3. „Lärm" – 4. „Bär" – 5. „Bauch" – 6. „blau" – 7. „Aua!" – 8. „Schaum" – 9. „Räuber" – 10. „Häuschen" – 11. „schäumen" – 12. „Geräusch"

Sie sind wie eine kompakte, dosierte klanglich-rhythmische Mikromusik. Und vollends verlieren sie ihre statische Unerheblichkeit, wenn du deiner Klasse zeigst, wie du jedes dieser zwölf ausgesuchten Wortpralinen (ich danke Heide Mende-Kurz für diesen Begriff) mit den Mundwerkzeugen gestaltest und geradezu plastizierst.

Das Wort „Aua!" legt seine Gestaltung als Interjektion nahe. Ein Wort wie „Häuschen" wird dann zu einem kleinen Gesamteindruck, wenn du die Laute dieses Wortes mit den Lippen so zu fassen versuchst, dass „Häuschen" viel mehr wie eine Hütte als ein Palazzo klingt. Tempo, Lautstärke und auch Mimik und Gestik tragen ihren Anteil dazu bei. Wer „Häuschen" sagt, meint damit am Ende eine ganze Szenerie.

Ihr stellt euch, einschließlich deiner Person, hinter eure Stühle. Diesmal geht Valentina für die „Spvg Fenster" und Gibran für den 1. SC „Flur" an die Tafel, um die Wörterauswahl verdeckt an die Tafel zu schreiben. Raquel (Flur) und Mariam (Fenster) melden sich als Vorleserinnen. Du ermunterst die beiden, „alles zu geben", dem Charakter der zwölf Wörter nachzuspüren und aufzupassen, wie du das einzelne Wort jeweils aussprichst, ob groß oder klein, ob mit viel Gefühl oder nüchtern. Und du bittest die Klasse, alle Impulse von Mariam bzw. Raquel ebenfalls mitzumachen.

ABLAUF

1. Raquel: „Äh" – Flur: „Äh" – Mariam: „Äh" – Fenster: „Äh", 2. Raquel: „später" – Flur: „später" – Mariam: „später" – Fenster: „später" usw.

DIFFERENZIERUNG:

Die deutsche Sprache kennt nur wenige Wörter, in denen der Buchstabe Ä vorkommt. Der Laut „Ä" kommt auch mit E geschrieben vor. Im Wort-und-Spiel-Heft können solche spannenden Wörter festgehalten werden.

„Heute nicht!": Lustlos zu sprechen ist unbedingt zu vermeiden. Wenn die Klasse nicht in Stimmung ist, dann besser vertagen und beim nächsten Mal doppeltes Pensum absolvieren.

Wodurch: Die Leitinstanz hier ist der Klang (II.7). Laute sind geheimnisvoll und multipel: Das „ä" kann eine Richtung kennzeichnen oder eine Raumqualität oder eine Größendimension, eine Beziehung, eine Proportion, ein Ausmaß, eine Vielheit, eine Wenigkeit, eine Gestalt, eine Wucht, eine Zartheit. Mehrere Laute können gemeinsam einen Aspekt illustrieren bzw. verkörpern. Zwei Laute können als Antagonisten zueinander erscheinen, in ein und demselben Wort usw. Mehrere Laute können einen Vorgang in seinem Ablauf darstellen. Oder in seiner Wirkung. Oder in seinem Ergebnis. Laute können äußere oder innere Vorgänge abbilden.

Ritual laut: Sprechen und machen– s. o. Runde 1
Wir erkunden den Körper. Welche Worte kann ich mithilfe meiner Arme, Beine, Hände usw. aufrufen und verkörpern?

- Fortbewegungen: „waten" – „schreiten" – „bummeln" – „schlendern" ...
- Andere darstellbare Wörter: „schlenkern" – „schaufeln" – „räkeln" – „starren" – „speien" ...

Ritual laut: WörterBilderHoppla ... – s. o. Runde 1
Wir gebären bildkräftige Wörter mithilfe eines Balls.

Ritual leise: Alle gucken – gucken alle? – s. o. Runde 1
Wir schauen jedem und jeder in die Augen. Mutprobe.

TÖRN/Ritual leise: Bewegungs-TÖRN 1 – 7

Wo: In der Sitz- oder Stehkreiskartoffel
Womit: eigene Hände
Wofür: „sich verständigen" – „sich mit sprachlicher Vielfalt auseinandersetzen" – „erzählen" – „erklären" – Begriffsbildung – Denken in Sprache – Wortschatz – Imagination – Erzähl-/Schreibstrategie – Satzbau

WIEDERHOLUNG: Wir erinnern uns an die sieben ersten Bewegungsdrehs: Wir „dehnen" die Hände wo „aus" (erster Dreh). Die Hände „spreizen" sich, etwas „sprüht" oder ver„streut" sich (zweiter Dreh). Wir lassen die Hände „schweben" oder aber wir „kriechen" mit ihnen über die Tischfläche (beides zählt zum dritten Dreh). Jetzt geht es mit ihnen „vor und zurück" (vierter Dreh), „hin und her" (fünfter Dreh), „hoch und runter" (sechster Dreh), und dann fliegen oder fließen sie „weiter" (siebter Dreh).

DIFFERENZIERUNG

Die Bewegungen verketten sich von Runde zu Runde zu einem Parcours von 49 Bewegungen. Diese sind als Typen so ausgewählt, dass sie vielfältigste Bezüge zum individuellen Sprach(er)leben von Yaron, Carlota, Nurit und Erik stiften. Je länger die Kinder mit TÖRN Kontakt haben, desto reicher werden die Andockmöglichkeiten ausfallen. Jetzt lernen wir das Modell zwar erst kennen, aber bereits jetzt können, ja sollen, dürfen Kinder den jeweiligen Dreh für sich produktiv benennen, einsetzen, deuten.

Nikita: „Jeäanghmm ... ich cruise ‚hin und her', mein Raumschiff schießt alles ab ..."

Im Rahmen von TÖRN sollen sich Bildungs- und Umgangssprache(n) mischen. Was „hin und her" alles bedeutet, dass „hin und her" eine ganze Welt von Phänomenen in sich birgt, das beweist jedes Kind in deiner Klasse nach und nach auf persönliche Art und Weise.

Stoff: Kettenkarussell von Ingeborg Santor

Wo: in der Kreiskartoffel
Wo: Vortragsblatt M3
Wofür: Konzentration – Wortschatz – kulturelle Teilhabe – „Texte verstehen" – „Texte mit Vorwissen verbinden" – „Texte erschließen" – „Verstehen und Nicht-Verstehen zum Ausdruck bringen / produktiv bzw. reflektierend umgehen – „Wertungen zu Texten formulieren und begründen" – „sich mit anderen zu Textwertungen austauschen" – „sich mit sprachlicher Vielfalt auseinandersetzen" – „aufmerksames Zuhören" – „sich Wissen aneignen" – „Aussagen beurteilen"

IDEE AUF EINS

Durch dosiertes, aber ritualisiertes Vorlesen, Zuhören und Reflektieren eine grundlegende Sprach-, Fühl- und Denkfreude entfalten. Gedichte in ihrer umfassenden Wirkung auf Geist und Seele selbstverständlich und individuell nahrhaft machen.

VORBEREITUNG FÜR DICH

Mach es dir angenehm. Such dir einen guten Ort, an dem du das Gedicht als Ganzes und mit allen Sinnen geistig-seelisch in dich aufnehmen willst. Was gefällt dir persönlich daran? Oder kommt dir das Gedicht „überflüssig" vor? Wenn ja, dann finde ein anderes. Wenn es dir gefällt: Was gefällt dir privat daran? Hast du selbst Erinnerungen an Jahrmärkte, an ein Kettenkarussell? Kommt dir die Sprachwahl für deine Klasse altersgemäß vor? Wenn nicht, kannst du überlegen, ob das Gedicht eine Erinnerungsübung für deine Klassenmitglieder an die Grundschuljahre darstellen kann.

Kettenkarussell (Ingeborg Santor)

Wie das saust, wie's wirbelt,
am liebsten immer noch mal: hoch
hinaus über all die bunten
Herrlichkeiten: Schiffsschaukel,
Zuckerwatte, rotglasierte Äpfel
am Stiel, Losbuden, Teddybären –
nichts lockt mehr als diese
Sesselchen an ihren Ketten.
Wie sie sausen, wirbeln, höher
und höher, himmelhoch
für einen Groschen,
tief unten der Vater
so klein, und ich schon
groß genug für das wilde,
das schwindligsüße Glück,
und keine Kette reißt.

(In: Völlger, S. (Hrsg.) (2008): Glück ist jeder Augenblick. München: Sanssouci. S. 69)

ABLAUF

Du trägst „Kettenkarussell" vor der sitzenden Klasse vor. Im Anschluss regst du lediglich ein Gespräch über Kettenkarusselle, über persönliche Erinnerungen an Jahrmärkte an. Die Qualität des Rundenteils „Stoff" besteht in seiner Kürze. Ziel ist einzig, das Vergnügen am geteilten Gegenstand zu teilen. Du kannst natürlich schon darauf hinweisen, dass ein Gedicht die Fähigkeit besitzen kann, ein Kettenkarussell ins Bewusstsein aller zu zaubern. Es geht hier um diese performative „Leistung" von Gedichten, um etwas, was nur Gedichte in dieser Effektivität und Schlichtheit erreichen; ein Aspekt, der im Deutschunterricht in Bezug auf die Gedichtvermittlung meines Erachtens eine Hauptrolle spielen sollte. Schließlich sind die Hälfte aller Gedichte weltweit Genussmittel. Es genügt also vollauf, über die Mehrheit der 20 Runden hin schöne, wohltuende und/oder spannende Erfahrungen mit Gedichten zu stiften. Irgendwann später wird die Klasse mehrheitlich umso bereiter sein, über die Machart und die Wirkungsweisen bestimmter lyrischer Techniken zu sprechen. Natürlich umso mehr, je mehr die Schüler:innen aus einem genügend breiten Fundus individuell schöpfen können.

ICH, DU, ER, SIE, IHR, WIR ALLE

Wir sind alle verschieden und vielfältig. Weil ein Angebot kaum für alle gleich viel taugen kann: Haltet dennoch zusammen das Interesse für Poesie aufrecht. Du kannst durch deine eigene Haltung gegenüber dem Gedicht, indem du Euphorie, aber auch einmal persönliche Distanz zu diesem Gedicht äußerst, die individuelle Geschmacksbildung fördern. Ein Gedicht spannend oder uninteressant zu finden, darüber lohnt es sich auszutauschen. Für Gefallen gibt es Gründe.

Wodurch: Sprache ist Nahrung, Sprache ist Ereignis (I.2), siehe die „36 Sätze" im Downloadbereich (M11).

Spiel: Apropos – s. o. Runde eins
Wir plaudern reihum drauflos, fallen uns überraschend ins Wort – oder eben gerade nicht.

Spiel: Doppelwörterkönig:in

Wo: am Austauschtisch
Womit: Stoppuhr, Thekenklingel
Wofür: „sich mit sprachlicher Vielfalt / sprachlichen Strukturen auseinandersetzen" und gezielt nutzen – „erzählen" – Spaß – „Präsentation" – „orthographische Zweifelsfälle klären" – „individuelle Fehleraufmerksamkeit" – Komposita – Wortbildung

IDEE AUF EINS

Jedes Kind setzt sich hin und würfelt möglichst viele Komposita, angestiftet durch seine zwei Würfel. „Wie viele Wörter in einer einzigen Abfolge werde ich wohl jetzt hinbekommen?" Die Zufallsfunde werden ins Notizheft SCHNELL geschrieben. Wer nach Spielschluss die meisten Doppelwörter erspielt hat, ist „Doppelwörterkönig:in".

VORBEREITUNG

Pro Kind zwei Würfel mit Anfangsbuchstaben, gemäß stimmigem Schwierigkeitsgrad. Du bittest jedes Zweierteam, sich Würfel zu besorgen und zu beschriften; die sechs Seiten von Würfel 1 mit den Lettern G – V – Sch – B – U – E.

ABLAUF

Durch das Einwirken des Würfels, und weil wir das Spiel auf Zeit spielen, entstehen leicht lustigere, ausgefallenere Wörter. Alles ist willkommen. Ein Wort wie „Ampelarzt" eröffnet ganz neue Einblicke in die Welt einer Verkehrsampel. Dabei hat Mette das Wort „Ampelarzt" nur gebildet, um den Spielfluss nicht abreißen zu lassen.

VARIANTEN: Überlagern lassen. Am besten zu zweit zu spielen: Die zweite Hälfte von Wort 1 wird zur ersten Hälfte von Wort 2, Beispiel: „Tannenwald" – „Waldpolizei".

DIFFERENZIERUNG

„Mehr!": Adjektive doppeln. Laura kann sich schöne Adjektive einfallen lassen. Es gibt zwei Strategien: ein Nomen und ein Adjektiv verknüpfen, „Grund" + „ehrlich" = „grundehrlich" oder zwei bestehende Adjektive miteinander zu verknüpfen, „wolkig" + „heiter" = „wolkigheiter". Fantasielösungen sind ausdrücklich willkommen: „Dackel" + „lustig" = „dackellustig". Die schönste Neuschöpfung wird prämiert. Das kann dahin führen, dieses Wort in die „Klassensprache" offiziell aufzunehmen.

Wodurch: Die leitende Instanz hier ist das Spiel (II.1).

INTRO TÖRN Satzauflauf
In den Wortschatz-TÖRN-Übungen gibst du das Spiel an die Tischtandems ab. Dann bringen Raquel und Roxanne, Metehan und Marko ihre Hände miteinander ins Gespräch. So eignen sie sich die Drehs nach und nach an. Parallel zu den sieben Etappen für die 49 Bewegungsweisen verknüpfen sie die Drehs mit eigenen Vorstellungen. Und das geschieht nach und nach wiederum 1. mithilfe der Frage Aktiv oder Passiv?, 2. mithilfe von W-Fragen und 3. mithilfe der „kleinen Wörter", also mithilfe von Pronomina, Adverbien oder/und Präpositionen.

Übung: TÖRN Satzauflauf 1 – 7 & Aktiv, Passiv, Wo

Wo: am Austauschtisch
Womit: eigene Hände
Wofür: „sich verständigen" – „sich mit sprachlicher Vielfalt auseinandersetzen" – „erzählen" – „sprachliche Vielfalt gezielt nutzen" – „erklären" – Begriffsbildung – Denken in Sprache – Wortschatz – Imagination – Erzähl-/Schreibstrategie – Satzbau – präziser Ausdruck – Eloquenz – Erzählstrategie – Bewusstsein für den eigenen Willen

IDEE AUF EINS

Durch die zwei Fragen 1. Aktiv oder Passiv = „Bewegst du dich selber oder wirst du bewegt?" und 2. Wo, z. B. „Wo ist deine Hand eigentlich?" erhält das „Dehnen", das „Sprühen" usw. eine erzählerische Note. Unsere Hände geraten mehr und mehr in „fantastische Situatiönchen" hinein.

VORBEREITUNG

Du stehst vor der Klasse und gibst ein Beispiel: Deine Hände, Hü und Hoi, „schweben" (3. Dreh) gerade „vor und zurück" (4. Dreh). Du fragst die Klasse:

Du: „Soll Hü selber vor- und zurückschweben oder soll sie dazu gebracht werden?"

Metehan will, dass Hü selber schweben soll. Roxanne ist anderer Meinung. Hü soll „vor und zurück" bewegt werden. Das setzt die nächste Frage in Gang: Wo ist Hü im Moment?

Roxanne: „Hü ist ..." – Du: „Sagen wir lieber ‚Hü schwebt oder fliegt', in Ordnung?" – Roxanne: „Also gut, Hü fliegt vor und zurück, weil sie an einem Seil hängt, in einem Zimmer, und hinter Hü ist ein Ventilator, und der pustet Hü vor und zurück."

Bevor alle am Tisch untereinander weiter imaginieren und artikulieren, schreibst du die folgende Liste mit weiteren Wo-Fragen an die Tafel. So geraten die Schüler:innen noch leichter in etwas hinein:

Wo-Brimborium
Wo? Woher? Wohin? Wo überall? Wo noch? Wo sonst? Ab wo? Wo vor Ort? Wo drinnen? Wo draußen? Wo im Land? Wo in der Stadt? Wo im Wald? Wo in der Fantasie? Wo an Land? Wo im Wasser? Wo in der Luft? Wo unter der Erde? Wo auf der Erde? Wo die ganze Zeit über? Wo am Anfang? Wo zum Schluss? Wo immer wieder? Wo währenddessen? Wo, was meinst du?

ABLAUF

Giulia und Dragica sitzen nebeneinander und verbinden die von ihnen gewählte Bewegungsweise mit den zwei Fragen: 1. Bewegt meine Hand sich selber oder wird sie bewegt? 2. „Wo" befindet sich meine Hand eigentlich?

Giulia zu Dragica (anhand des ersten Drehs, während sie die Hände akut „sich ausbreiten" lässt): „ Jessy und Josy (so heißen ihre Hände) lagen gerade am Strand und eine große Welle ist gekommen und hat so voll sie gepackt und beide fliegen durch die Luft und sie rufen sich zu ‚O, mein Gott!' Wir werden getrennt ..." – Dragica zu Giulia (anhand des zweiten Drehs): „Meine Hände haben ja noch keine Namen, aber die sind jetzt in einem Nagelstudio und da ist gerade schlechte Luft und ich hab meine Finger in so Duftöl getunkt und ich sprüh das Öl jetzt so mit meinen Fingerspitzen in den Raum. Und das will ich aber selber ..."

I, DU, ER, SIE, IHR, WIR ALLE

- einbinden: Natalya und Danylo können sich auch in ihrer ersten Sprache Ukrainisch über ihren jeweiligen Dreh verständigen.
- einbetten: Marko weigert sich, mitzumachen. Du klärst mit ihm, dass er aber Metehan zuschaut und Metehan hilft, falls dieser „nicht weiterkommt".
- Zu laut? Wenn wir in Zimmerlautstärke murmeln, kommen alle zu Wort.
- „Mehr!": Raquel und Roxanne, Mette, Laura und Metehan wollen mehr. Stelle ihnen bereits die Wer-Frage-Aufgabe: „Überlegt euch, wer die Hände steuert. In was für einer Geschichte befindet ihr euch?"

Text: Superwort im Sprachensalon – s. o. Runde eins

VARIANTE: Alle Sprachen, die Gibran, Danylo, Mariam, Natalya, Carlota, Yaron usw. zusätzlich zur deutschen Sprache sprechen, sollen eine Rolle spielen.

3. Runde drei – „Find ich gut!"

Laut: „Blabb!" mit „B" und „P" – s. o. Runde eins

Wo: im Wachmach
Womit: eigene Sprechwerkzeuge + Sprechblatt M1
Wofür: Lesefertigkeiten anbahnen – „sprachliche Mittel sammeln" – „sich ausdrücken" – „sichere Worterkennung" – „Laut" – „Buchstabe" – „Silbe" – „Kernwörter" – „gestalterische Mittel sammeln" – Wortschatz – Rechtschreibung – Ausdruck – Lust an der Selbstwirksamkeit – Spaß

Wir machen vollmundige, gut gelaunte „Einzelwortmusik". Nebenbei vergleichen wir ausgesuchte Lautklänge mit ihren Schriftbildern.

1. „Ball" – 2. „Barbie" – 3. „blass" – 4. „Blitz" –5. „grob" – 6. „Robbe" – 7. „Au Backe" – 8. „plötzlich" – 9. „Papst" – 10. „Paket" – 11. „Pfeil" – 12. „plump"

Ritual laut: Sprechen und machen – s. o. Runde eins
Wir erkunden den Körper. Was kann ich mithilfe meiner Arme, Beine, Hände usw. an Worten aufrufen und verkörpern?

Ritual laut: WörterBilderHoppla – s. o. Runde eins
Wir gebären bildkräftige Wörter mithilfe eines Balls.

Ritual leise: Bewegungs-TÖRN 1 – 7

WIEDERHOLUNG: Wir nehmen unsere Hände und flüstern zur Abwechslung zu jeder ihrer Drehungen passende Vokabeln, am liebsten im Chor auf deinen Einsatz: „ausbreiten, dehnen" – „sprühen, streuen" – „schweben, kriechen" – „vor und zurück" – „hin und her" – „auf und nieder, rauf und runter" – „weiter fließen".

Unterschied zwischen Bewegungs-TÖRN (Ritual am Anfang) und TÖRN Satzauflauf (Übung gegen Schluss)
Zu Beginn der Runden im TÖRN-Ritual wiederholen wir in der Klasse einfach die noch neuen Bewegungen der Hände. Später in den TÖRN-Übungen eignen wir uns die Bewegungen dann erzählerisch an. Dann bauen wir anhand der Bewegungen eigene Vorstellungen und wählen dazu immer präzisiere und zugleich gewagtere Formulierungen.

Ritual leise: Alle gucken, gucken alle? – s. o. Runde eins
Wir schauen jedem und jeder in die Augen. Mutprobe.

Stoff: Wünschelrute von Joseph von Eichendorff

Wo: in der Sitzkreiskartoffel
Womit: Gedichtblatt M3
Wofür: Konzentration – Wortschatz – kulturelle Teilhabe – „Texte verstehen" – „Texte mit Vorwissen verbinden" – „Texte erschließen" – „Verstehen und Nicht-Verstehen zum Ausdruck bringen / produktiv bzw. reflektierend umgehen" – „kritisch reflektieren" – „Wertungen zu Texten formulieren und begründen" – „Texte in Hinblick auf Themen vergleichen" – „sich mit anderen zu Textwertungen austauschen" – „sich mit sprachlicher Vielfalt auseinandersetzen" – „aufmerksames Zuhören" – „Aussagen beurteilen"

IDEE AUF EINS

Durch dosiertes, aber ritualisiertes Vorlesen, Zuhören und Reflektieren eine grundlegende Sprach-, Fühl- und Denkfreude entfalten. Gedichte in ihrer umfassenden Wirkung auf Geist und Seele selbstverständlich und individuell nahrhaft machen.

Hier den Gedanken, dass Wörter Welten erschaffen können, dass Sprache Zugang zur Welt bedeutet, in den Herzen und Köpfen der Schüler:innen einpflanzen.

VORBEREITUNG FÜR DICH

Mach es dir angenehm. Such dir einen guten Ort, an dem du das Gedicht als Ganzes und mit allen Sinnen geistig-seelisch in dich aufnehmen willst.

Wünschelrute (Joseph von Eichendorff)
Schläft ein Lied in allen Dingen,
die da träumen fort und fort.
Und die Welt hebt an, zu singen,
triffst du nur das Zauberwort.

(In: Paul, Clara (Hrsg.) (2019): Gedichte, die glücklich machen. Berlin: Insel, S. 37)

ABLAUF

Ohne es zu analysieren, stellst du lediglich das Gedicht vor. Je knapper, beiläufiger und dosierter die Gedichtvorstellung abläuft, desto bündiger. Da das Gedicht leicht auswendig zu lernen ist, kannst du in die Klasse fragen, wer diesen Vierzeiler ebenfalls sprechen möchte. Dragica probiert es. Sie steht auf und rezitiert das Gedicht. Danach darf sie sagen: „Ich bin toll." Und gemäß einer beiläufig ausgemachten Regel „darf" die Klasse antworten: „Stimmt, Dragica."

ICH, DU, ER, SIE, IHR, WIR ALLE

Obwohl die „Wünschelrute" kaum allen gleich viel sagen kann, haltet dennoch zusammen das Interesse für Poesie aufrecht. Ein Gedicht spannend oder uninteressant zu finden, darüber lohnt es sich auszutauschen. Für Gefallen oder Unverständnis gibt es Gründe.

- trennen + lösen: Samir hat heute ein Problem mit Versen von J. von Eichendorff. Zwei Mal hat er dich gestört. Du wirfst ihm den Tut-mir-leid-Ball zu. Samir wirft ihn dir zurück und sagt schlicht: „Tut mir leid." Alles gut.

Wodurch: Die leitende Instanz hier ist die Überlieferung (II.10).

Spiel: Artikel würfeln Nomen

Wo: am Austauschtisch
Womit: Würfel
Wofür: „sprachliche Strukturen gezielt nutzen" – Wortbildung – Nomen – Artikel – grammatisches Geschlecht – „Ausdruck" – Präsentation – Freude – Bestätigung – Aufmerksamkeit

IDEE AUF EINS

Zu zweit erwürfeln wir korrekte Kombinationen aus einem Nomen und bestimmtem bzw. unbestimmtem Artikel.

VORBEREITUNG

Die sechs Würfelseiten von Würfel 1 bekleben wir mit „der", „die", „das", „ein" und „eine" (die sechste Seite bleibt frei, gilt als Joker). Würfel zwei wird mit einer Auswahl Anfangsbuchstaben versehen.

- Würfel 1 (sehr leicht): G – V – Sch – B – U und E
- Würfel 2 (sehr leicht): F – W – A – Z – K und S
- Letternwürfel 3: D – H – I – L – M – N
- Letternwürfel 4: O – P – R – St – T – Sp
- „Mordswürfel" 5: C – J – X – Y – Q – __

ABLAUF

Nurit würfelt zunächst mit dem Artikelwürfel ein „der", dann mit Würfel 2 ein „Sch". Blitzschnell kombiniert sie beides und sagt zu Valentina:

Nurit: „der Schornsteinfeger!"

Jetzt ist Valentina dran.

DIFFERENZIERUNG

- einbinden: Im Wörterbuch nachschlagen lassen. Wenn Gibran Wörter fehlen, kann er sich so behelfen. Oder schlägt Mette ihm Wörter vor?

Übung: Wortschatz-TÖRN Satzauflauf 8 – 14

Wo: am Austauschtisch
Womit: eigene Hände
Wofür: „sich verständigen" – „sich mit sprachlicher Vielfalt auseinandersetzen" – „erzählen" – „sprachliche Vielfalt gezielt nutzen" – „erklären" – Begriffsbildung – Denken in Sprache – Wortschatz – Imagination – Erzähl-/Schreibstrategie – Satzbau

IDEE AUF EINS

Eine im Körper abrufbare Matrix für Wortschatz und Gestaltungsideen aufbauen.

VORBEREITUNG

Wir kommen zum zweiten Siebenerpäckchen von TÖRN, den sogenannten „Richtungen" vom achten bis zum 14. Dreh. Es geht bei ihnen nicht mehr ganz so luftig zu. Die Bewegungen werden ein klein wenig gezielter, ein Hauch von Absicht schleicht sich ein in das, was Hü und Hoi hier unternehmen.

Um die neuen Drehs kennenzulernen, machst du es dir am besten erneut in deinem Mußemusensessel gemütlich, dann nimmst du dir wieder deine Hände vor. Diese „kurven" als Nächstes durch den Raum. Sie neigen sich zur Seite, und ihre „Flugbahnen" werden etwas kurviger, krummer usw. (= achter Dreh). Vielleicht fällt dir ein Wort wie „schlingern" ein oder irgendeine andere Assoziation, während deine Hände durch den Raum vor dir torkeln, trudeln oder schwenken. Bitte, sprich sie alle aus, die schönen Wörter, verkoste sie wie in Blabb.

Als Nächstes „runden" sich Hü und Hoi (neunter Dreh). Entweder sie beschreiben jede einen Kreis für sich oder parallel eine Kreisbahn. Was löst die Bewegung in dir selbst für Assoziationen aus? Wo bist du, wenn du diese Bewegung gerade ausführst? Wie groß ist der Kreis, den du beschreibst? Spürst du die Gestaltungsfreiheit innerhalb der Vorgabe meinerseits, seitens des bewegungsfreudigen Autors? Habe ich klar genug formuliert, dass es hier kein Richtig oder Falsch gibt, sondern höchstens ein „dabei“ oder „nicht dabei“? Das war der neunte Dreh.

Den zehnten von 49 Törns habe ich „inne“ genannt. Hü und Hoi „halten inne“. Das heißt, die kreisenden Hände halten an. Sie stoppen. Sie bremsen ab dafür. So bereiten sie den elften Dreh vor, das „Peilen“. Hü und Hoi „peilen“ ihre Lage im Irgendwo – und dann „springen“ sie. Das war der zwölfte Dreh. Hü und Hoi „springen“ und kommen so von ganz allein dazu, ihre Positionen untereinander zu „tauschen“, zu „wechseln“. Das heißt Hoi „wechselt“ nach links, Hü wechselt nach rechts (Dreh 13). Und ehe sie sich versehen, sind sie irgendwo „hingelangt“. Sie „erreichen“ eine neue Situation im Irgendwo (14. Dreh).

ABLAUF

Du stehst vor der Klasse und gestaltest die Drehs acht bis 14. Dann gibst du die neuen Bewegungen an die Tische ab. Tisch für Tisch beschäftigen sich Erik und Maximilian, Mette und Laura, Gibran und Danylo selbstständig damit weiter. Du schreibst die Namen der Drehs acht bis 14 an die Tafel. Im Wort-und-Spiel-Heft richten wir uns Extraseiten dafür ein. Am besten bekommt jede der 49 Bewegungen drei Spalten im Notizheft für eine Wörtersammlung zu jedem einzelnen Dreh.

VERTIEFUNG: Die Namen der einzelnen Drehungen sind keinesfalls wie ein Pensum an neuen Vokabeln zu lernen. Es geht auch nicht darum, diese Bewegungen, „korrekt zu benennen“, im Sinne von „Aufgabe gelöst“. Vielmehr geraten wir mit jedem Dreh in etwas hinein. Wir stoßen etwa mit „vor und zurück“ (4. Dreh) in unbekanntes Gelände vor. Wo sind wir hier? Wir finden es heraus – Vorschläge herzlich willkommen!

- einbinden: Valentina baut ihre Lieblingsserie in die Bewegungskommentare ein. Für sie sind die Hände identisch mit ihrer Serienheldin. „Die erlebt das alles.“

Wodurch: Die leitende Instanz hier ist die Fantasie (II.5).

Text: Papierzeitungsgedicht

Wo: bei sich selbst
Womit: gedruckte Zeitungen, Zeitschriften, Klebstoff, Scheren
Wofür: „Texte verfassen“, „sich mit anderen über Texte austauschen“ und „Lesefertigkeiten entwickeln“ – ästhetische Sprache erfahren – sich irritieren / sich inhaltlich berühren lassen

VORBEREITUNG

Nimm dir eine Tageszeitung, eine Illustrierte und noch zwei, drei andere Zeitschriften und blättere sie durch. Suche kleine Artikel darin, die deine Neugier wecken. Vielleicht eine Überschrift wie „Dackel beißt Dieb“ oder „Nagelfeile verschluckt“ oder „Obst macht dick“ oder „Fürstin Alexandra sucht Streit“. Schneide diese Artikel rundherum mit der Schere aus. Kopiere die Zeitungsausschnitte und vergrößere sie dabei. Nimm einen einzelnen Artikel her und schneide ihn mit einer Schere Wort für Wort auseinander. Nimm ein Briefkuvert, stecke die Wortschnippsel hinein.

Nimm ein Blatt Papier und einen Klebstift. Schüttle das Kuvert gut durch, ziehe anschließend den ersten Schnippsel wieder heraus und klebe ihn auf das Blatt. Ziehe nacheinander sämtliche Schnippsel dieser einen Zeitungsmeldung aus dem Briefumschlag. Achte überhaupt nicht darauf, ob das, was du da aufklebst, einen vollständigen Satz oder gar einen sinnvollen Satz abgibt. Gerade so, wie die Schnipsel dir in die Finger geraten, gerade so passt es.

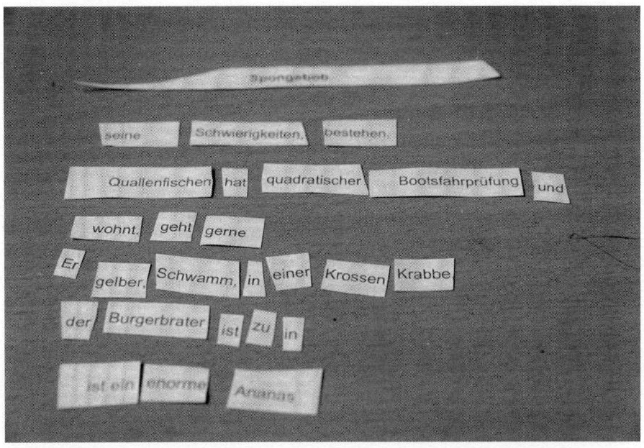

Foto 3: Papierzeitungsgedichte – für Menschen mit Freude am Basteln

Wenn du alle Schnipsel aufgeklebt hast, lies dir das entstandene Zeitungsgedicht durch und selber vor. Da du zufällig eine „Apotheken-Umschau“ verwendet hast, liest du z. B. so etwas wie:

„Kamillentee besser“. Dann geht es ab: „schon Sie Schluck Wirkung die Magenschleimhaut Wochen früh altes aufbrühen die was der der gute Teebeutel Tasse Schluck für Sie gereizt beruhigt.“

Das Schöne am Papierzeitungsgedicht (eine Erfindung des Dadaisten Tristan Tzara im Jahr 1916): Jeder Artikel hat einen eigenen Tonfall, völlig unabhängig von aller Grammatik.

Bitte die Klasse ein paar Tage vor dieser Textaktion, alle verfügbaren Scheren und Klebstifte von zu Hause mitzubringen oder auf jeden Fall am nächsten Rundentag mit dabei zu haben und Zeitschriften oder Zeitungen von zu Hause mitzubringen. Investiere selbst einen kleinen Beitrag aus der Klassenkasse und besorge ein kleines Spektrum hübscher Illustrierten.

In der Stunde vor Runde drei liest sich jedes Tandem ein wenig quer durch die ausgebreiteten Zeitschriften. Dann werden einzelne Seiten sorgfältig aus der Zeitschrift getrennt. Du nimmst die Auswahl Blätter und gibst sie entweder einem hilfsbereiten Menschen wie

Maximilian oder Carlota zum Kopieren und Vergrößern oder du erledigst den Job kurzerhand selbst. Schließlich stellst du noch einen Klassensatz Briefkuverts zur Verfügung, um die Schnipsel sachgerecht zwischenzulagern.

ABLAUF

Es wird geschnippelt und geklebt, tischweise Text gemurmelt und sich gefreut ...

Samir: „Die knapp Magen-Heidenheim lahmgelegt nun desinfiziert in Heidenheim werden, damit erkrankt. Grundschule hochansteckende Schüler normal Der eine Die Lehrer waren an sollen Unterricht Novovirus eine am Novovirus Schule Sprecherin (dpa). Klassen lahm schnell Schulfrei, Montag wieder bestätigte sagte möglich komplett einen Schüler Heidenheimer Darm-Viren den legte seit 280 SWR-Bericht. gestern der Rund und Stadt so der hätten Mittwoch und hat 80 könne. Wie weitergehen."

VARIANTE: Schneidet beim Schnipseln zu einem bestimmten Gedicht noch Wörter aus einem anderen Zeitschriftenartikel aus. Dieser sollte ein völlig anderes Thema als der Haupttext haben. Wenn Metehan und Marko einen Sportbericht geschnippelt haben, nehmen sie nun noch zwei Wörter aus einem Rezepttipp einer Haushaltszeitung. Das Ergebnis kann sich sehen und hören lassen:

„Insgesamt Wasserballturnier Samstag TSV um im Cevapcici"

Sophia hat deine „Apotheken-Umschau" in diesem Sinne weiter ausgeschlachtet und einen Gesundheitstipp über Kamillentee mit zwei Wörtern aus dem Sportteil der hiesigen Tageszeitung „gewürzt":

Sophia: „Kamillentee besser schon Sie Schluck Wirkung die Magenschleimhaut Wochen früh altes Wasserballturnier aufbrühen die was der der gute Teebeutel SSV Esslingen Tasse Schluck für Sie gereizt beruhigt."

Wodurch: Die leitende Instanz hier ist das Spiel (II.1).

4. Runde vier – „Machen wir!"

Laut: „Blabb!" mit „C" und zweierlei „Ch" – s. o. Runde eins
Wir machen vollmundige, gut gelaunte „Einzelwortmusik". Nebenbei vergleichen wir ausgesuchte Lautklänge mit ihren Schriftbildern.

1. „Circus" – 2. „circa" – 3. „Clown" – 4. „Charme" – 5. „Choco" – 6. „Ach!" – 7. „ich" – 8. „Bach" – 9. „nicht" – 10. „rächen" – 11. „Schlucht" – 12. „Licht"

Laut: Sprechen und machen – s. o. Runde eins
Wir erkunden den Körper. Welche Wörter und Taten kann ich mithilfe meiner Arme, Beine, Hände usw. aufrufen und verkörpern?

Ritual laut: WörterBilderHoppla ... – s. o. Runde eins
Wir gebären bildkräftige Wörter mithilfe eines Balls.

Ritual leise: Alle gucken – gucken alle? – s. o. Runde eins
Wir schauen jedem und jeder in die Augen. Mutprobe.

Ritual leise: Bewegungs-TÖRN 1 – 14

Wo: im Wachmach
Womit: eigene Hände u. Arme
Wofür: „sich verständigen" – „sich mit sprachlicher Vielfalt auseinandersetzen" – „erzählen" – „sprachliche Vielfalt gezielt nutzen" – „erklären" – Begriffsbildung – Denken in Sprache – Wortschatz – Imagination – Erzähl-/Schreibstrategie – Satzbau

Wir wiederholen die bisher ausgeübten Drehs murmelnd und bewegen Hü und Hoi dazu.

- Dreh eins bis sieben / „Strömungen" waren: 1 „dehnen/sich ausbreiten!", 2 „sprühen/streuen", 3 „schweben", 4 „vor und zurück", 5 „hin und her", 6 „auf und nieder", 7 „weiter"
- Dreh acht bis 14 / „Richtungen" waren: 8 „kurven", 9 „runden", 10 „inne", 11 „peilen", 12 „springen", 13 „tauschen/wechseln", 14 „gelangen/erreichen"

Stoff: Großus Bärus

Wo: in der Sitzkreiskartoffel
Womit: Vortragsblatt M3
Wofür: Konzentration – Wortschatz – kulturelle Teilhabe – „Texte verstehen" – „Texte mit Vorwissen verbinden" – „Texte erschließen" – „Verstehen und Nicht-Verstehen zum Ausdruck bringen / produktiv bzw. reflektierend umgehen – „Bezüge herstellen" – „kritisch reflektieren" – Spaß – „sich verständigen" – „sich mit sprachlicher Vielfalt auseinandersetzen" – „aufmerksames Zuhören" – „sich Wissen aneignen" – „Aussagen beurteilen"

IDEE AUF EINS

Durch dosiertes, aber ritualisiertes Vorlesen, Zuhören und Reflektieren eine grundlegende Sprach-, Fühl- und Denkfreude entfalten. Gedichte in ihrer umfassenden Wirkung auf Geist und Seele selbstverständlich und individuell nahrhaft machen.

Großus Bärus (unbekannter Dichter)
In des Waldes tiefsten Gründen
Ist ein großer Bär zu finden.
In des Waldus tiefstus Gründus
Ist ein großus Bärus findus.
In des Waldchim tiefstchim Gründchim
Ist ein großchim Bärchim findchim.

In des Waldoli tiefstoli Gründoli
Ist ein großoli Bäroli findoli.
In des Waldlatsch tiefstlatsch Gründlatsch
Ist ein großlatsch Bärlatsch findlatsch.

(In: Halbey, H. A. (Hrsg.) (1999): Schmurgelstein so herzbetrunken. München: Hanser, S. 49)

ABLAUF

Du liest das Gedicht mehr als einmal vor. Erst wenn du signalisierst, dass dein Vortrag zu Ende ist, beginnen wir das Gespräch. Wichtig ist: Es geht um die persönliche Begegnung und ausdrücklich nicht um stimmige Interpretation oder Analyse. Ihr habt die Uhr gestellt. Mehr als vier Minuten muss die Begegnung nicht dauern.

H, DU, ER, SIE, HR, WIR ALLE

Weil dieser poetische Scherz kaum allen gleich viel sagen kann, haltet dennoch zusammen das Interesse für Poesie aufrecht. Du kannst durch deine eigene Haltung gegenüber dem Gedicht, indem du Euphorie, aber auch einmal persönliche Distanz äußerst, die individuelle Geschmacksbildung fördern. Ein Gedicht spannend oder uninteressant zu finden, darüber lohnt es sich auszutauschen. Für Gefallen gibt es Gründe.

Wodurch: Die leitende Instanz hier ist der Klang (II.7).

Spiel: Der Dings der Dungs

Wo: am Austauschtisch
Womit: Würfel, Wettkämpfchenchronik M4
Wofür: „sich mit sprachlicher Vielfalt / sprachlichen Strukturen auseinandersetzen" – „erzählen" – „Präsentation" – „individuelle Fehleraufmerksamkeit" – Artikel

IDEE AUF EINS

Die Deklination des bestimmten Artikels im Deutschen in einem Wettkampf begreifen lernen. Insbesondere das quecksilbrige Wörtchen „der" (= bestimmter männlicher Artikel im Nominativ + Genitiv und Dativ des bestimmten weiblichen Artikels) handhaben lernen.

ORBEREITUNG

Wir beschriften Würfel 1 mit 2 x „der", 2 x „die" und 2 x „das". Würfel 2 beschriften wir mit 3 x „der" und 3 x „des".

ABLAUF

Mariam würfelt „der" und sagt zu Natalya: „der Bär". Natalya würfelt mit ihrem Würfel 2 ein „der" und sagt: „der Bär der Tante." Natalya würfelt mit ihrem Würfel 1 ein „die" und sagt: „die Tasche". Mariam antwortet ihr, nachdem sie mit ihrem Würfel 2 ein „der" gewürfelt hat: „die Tasche der Schauspielerin" usw.

VARIANTE: „Flur gegen Fenster" ohne Würfel. Wir wetteifern in schnellem Hin und Her darum, das Wörtchen „der", mal als Nominativ des männlichen Artikels, mal als Genitiv des weiblichen Artikels immer richtig zu verwenden, egal in welchem Kasus das dazugehörige Nomen steht.

Maximilian: „Der Hund der ..." / Erik: „Der Hund der Besitzerin. Die Besitzerin des ..." / Maximilian: „Die Besitzerin des Hauses. Das Haus der ..." / Erik: „Das Haus der Gespenster. Die Gespenster der ..." usw.

Wodurch: Die leitende Instanz ist hier das Spiel (II.1).

Spiel: Der-die-das-Spaß

Wo: in der Sitzkreiskartoffel
Womit: Vortragsblatt M3
Wofür: „sich mit sprachlicher Vielfalt / sprachlichen Strukturen auseinandersetzen" und gezielt nutzen – „erzählen" – „Präsentation" – „individuelle Fehleraufmerksamkeit" – Artikel

IDEE AUF EINS

Im Geschicklichkeits- und Orakelspiel erfahren die Lernenden die „Willkür" der deutschen Sprache bei der Vergabe des bestimmten Artikels durch die robuste ästhetische Erfahrung eines Haufenreims noch überspitzt. Schüler:innen mit Deutsch als Zweitsprache werden lustvoll mit den vielen Einzelfällen bekannt gemacht.

VORBEREITUNG

Du machst es dir in deinem Sessel bequem und liest dir das Gedicht mit Genuss durch.

Der
Der Haustürschlüssel fehlt mir sehr,
Der Löffel löffelt das Dessert,
Der Papa, der kaut Camembert,
Der Dampfer, der dampft übers Meer.
Der Knirps, der setzt sich jetzt zur Wehr,
Der Trainer, der läuft hin und her,
Der Mund, der voll war, ist jetzt leer.

Die
Die Kuh dort, die heißt Nathalie,
Die Barbie spricht mit Batterie,
Die Lena hat viel Fantasie,
Die Amsel flötet „Tirili"!,
Die Seife flutscht mir übers Knie,
Die Spinne krabbelt vis-à-vis.

Das
Das Kind im Hof hat großen Spaß,
Das Essen, darauf ist Verlass,
Das Auto fährt nach Caracas,
Das Bett ist plötzlich pitschenass,
Das Baby grabscht die Ananas,
Das Lama spuckt mich an, echt krass!

Wenn der Reim nicht verändert werden soll, um die ästhetische Wirkung aufrechtzuerhalten, dann entstehen viele neue, lustvoll verquatschte Versionen, wenn wir das Subjekt in den Strophen eintauschen:

Der Wasserhahn, der fehlt mir sehr,
Der Riese löffelt das Dessert,
Der Opa kaut den Camembert,
Der Tisch, der schwimmt weit übers Meer.
Der Stift, der setzt sich jetzt zur Wehr,
Der Kühlschrank, der läuft hin und her,
Der Schrank war voll, jetzt ist er leer.

Die Butter dort heißt Nathalie,
Die Creme spricht mit Batterie,
Die Meise hat viel Fantasie,
Die Ameise flötet „Tirili"!,
Die Pasta flutscht mir übers Knie,
Die Mutter krabbelt vis-à-vis.

Das Bison im Hof hat großen Spaß!
Das Schnitzel, darauf ist Verlass,
Das Würstchen fährt nach Caracas,
Das Schwimmbad ist plötzlich pitschenass,
Das Hündchen grabscht die Ananas,
Das Gnu, das spuckt mich an, echt krass!

ABLAUF

Du liest das Gedicht vor. Im Anschluss daran bittest du die Klasse darum, Vorschläge zu machen, mit welchen Tieren, Gegenständen usw. im Nominativ + bestimmtem Artikel wir das Gedicht erweitern könnten.

DIFFERENZIERUNG

- einbinden: „sich zur Wehr setzen", „Knirps", „Gnu", „Camembert" und „vis-à-vis" sind für einige Kinder keine gängigen Wörter. Sie sollten aber verständlich zu machen sein.

Wodurch: Die leitende Instanz hier ist das Spiel (II.1).

Übung: TÖRN Satzauflauf 8 – 14 & Wer, Warum

Wo: am Austauschtisch
Womit: eigene Hände
Wofür: „sich verständigen" – „sich mit sprachlicher Vielfalt auseinandersetzen" – „erzählen" – „sprachliche Vielfalt gezielt nutzen" – „erklären" – Begriffsbildung – Denken in Sprache – Wortschatz – Imagination – Erzähl-/Schreibstrategie – Satzbau

IDEE AUF EINS

Die Klasse tauscht sich tischweise über die bisher verhandelten vierzehn Bewegungen aus. Anhand der Fragen „Wer" und „Warum/Wozu" entstehen immer mehr Ideen, was diese vierzehn Bewegungen bedeuten, wofür sie stehen könnten.

VORBEREITUNG

Du schreibst eine Auswahl der folgenden Fragen an die Tafel:

Wer- und Warum-Brimborium
Wer? Wer genau? Wer alles? Wer tatsächlich? Wer warum? Wer noch? Wer von sich aus? Wer freiwillig? Wer wann? Wer aktiv? Wer hineingezogenermaßen? Wer gezwungenermaßen? Wer mit (wie viel) Macht? Wer ohne Macht? Wer tatsächlich? Wer vermutlich? Wer für wen? Wer erlaubtermaßen / unerlaubtermaßen? Wer am Anfang? Wer zum Schluss? Wer die ganze Zeit über? / Warum? Warum außerdem? Wozu? Wozu noch? Wofür: Wofür tut deine linke Hand das (oder das, wofür die Hand steht)?

ABLAUF

Nikita und Samir wiederholen zu zweit die Drehs von Nr. 1 bis Nr. 14. Schon beim Ausformulieren des zweiten Drehs, „sprühen / streuen / überall hin", geraten die beiden ins Fantasieren und dadurch ins Formulieren. Zusätzlich hast du ein Füllhorn an Fragemöglichkeiten an die Tafel geschrieben:

Samir: „Ich nehm 'ne Schüssel mit Wasser, tauch da die Hand rein und sprüh so die Tropfen. – Nikita: „Und ich sitz am Beckenrand im Schwimmbecken und spritz dich nass." – Samir: „Und warum?" – Nikita: „Weil ich weiß, dass du wasserscheu bist."

DIFFERENZIERUNG

Die Drehs gehen in ihren Benennungen nicht 1:1 auf. Darin steckt das Potenzial von TÖRN: Kinder mit nichtdeutschem Sprachenhintergrund erfahren „das Ding mit den Sprachen" im Deutschunterricht als tendenziell geöffnet. Wer weiß, ob Dragica durch ihre elterliche Sprache nicht ein Wort zur Verfügung hat, das den 14. Dreh umfassender und zugleich präziser fasst als das deutsche Wörterpaar „(hin)gelangen/erreichen"?

Wodurch: Die leitende Instanz hier ist die Fantasie (II.5).

Text: Meine versunkene Stadt

Wo: draußen
Womit: Notizheft
Wofür: „Identität ausdrücken"– „Texte verfassen" – „flüssig formulieren" – „Texte überarbeiten" – „kritisch reflektieren" – „sich mit anderen zu Textwertungen austauschen" – „sich mit Texten auseinandersetzen" – „orthographisch schreiben"

IDEE AUF EINS

Auf einem Spaziergang durch das eigene Viertel in Kontakt treten mit „Zeichen aus der Vergangenheit".

VORBEREITUNG

Du sagst zur Klasse: „Nehmen wir an, die Stadt, in der du lebst, heißt Hilden bei Düsseldorf. Hier bist du täglich unterwegs. Aber mit diesem Spiel verwandelt sich Hilden in eine Stadt deiner Fantasie. Mache am Vortag zu dieser Runde einen Spaziergang. Alles, was du dabei siehst, hörst, ertastest, gibt dir Stoff für eine sagenhafte Geschichte der Stadt Hyldia (so könnte der Sagenname von Hilden sein). Hyldia, die versunkene Tempelstadt, befand sich vor langer Zeit genau an der Stelle, an der sich heute das „moderne Hilden“ befindet. Deswegen gibt es auch überall noch Überreste: Die Zirkusarena, das Stadion, die Eingänge zur Unterwelt mit ihren verborgenen Weihestätten – alle diese Orte sind für dich, den wahrhaft Ortskundigen, an bestimmten Zeichen noch zu erkennen:

ABLAUF

Metehan (diktiert seiner Audio-App): „Dieses alte Kellerfenster: Was hat es für ein geheimnisvolles Gitter vor der Scheibe? Die Flecken hier im Asphalt des Bürgersteigs – Kaugummi, von wem wurde der ausgespuckt? Und wer hat diese Flecken auf dem Teer hinterlassen? Dort oben, im 3. Stock, leuchtet es so türkisfarben aus dem Fenster: Dort wohnt ein Zauberer.“

Jalte notiert in sein SCHNELL: „Diese alten Mauerreste der ehemaligen Stadtmauer – sehen sie nicht aus wie ein Raketenlandeplatz? Hatte die Metropole Hyldia Kontakt zu Außerirdischen?“

Nikita: „Diese beschäftigt aussehenden Menschen, die in der Fußgängerzone an mir vorübereilen: Was tun sie? Wer von ihnen hat sich nur als Bewohner Hildens getarnt und stammt in Wahrheit aus Hyldia und ist mit der Zeitmaschine hierher katapultiert worden? Vielleicht sind die alten Hyldianer erkennbar an der seltsamen Mütze mit dem Schild auf der einen Seite?

Wodurch: Die leitende Instanz hier ist die Fantasie (II.5).

Alle: Wort- und Spiel-Parlament

Wo: in der Sitzkreiskartoffel
Womit: Lehrkraftchronik, Audio-App
Wofür: Lust an der Selbstwirksamkeit – „sich verständigen“ – „soziales Handeln“ – „angemessen / adressatengerecht kommunizieren“ – „sich mit sprachlicher Verständigung / sprachlicher Vielfalt / sprachlichen Strukturen auseinandersetzen“ – „informieren“ – „argumentieren“ – „diskutieren“ – „erklären“ – „gezieltes Feedback“ – „Aussagen beurteilen“ – „Sprechen und Zuhören“

IDEE AUF EINS

Strittige Spielergebnisse und verbesserungswürdige Verhaltensweisen der vergangenen Runden ansprechen und so die kommenden Runden verbessern helfen.

VORBEREITUNG

Martha und Kim geben dir die Spielchronik an die Hand. Du lässt am Vortag von Runde fünf die stattgefundenen Wettkämpfchen kurz Revue passieren. Oskar und Farid, die beiden Schriftwarte der Teams „Flur“ und „Fenster“, blättern in ihrem Notizheft. Wo haben sich etwa beim Spiel „Begriffe grabschen“ oder „Verben wirbeln“ ungerechte Bewertungen eingestellt? Die können jetzt nochmals besprochen werden.

ABLAUF

Du hast als weise Richterin allein den Vorsitz inne. Heute ist die Gelegenheit für alle, sich zu Wort zu melden, falls in den Spielen und Arrangements der Runden etwas besser geregelt werden sollte. Die vier Gesetze von Wort und Spiel waren bisher noch kein Gesprächsstoff. Jetzt ist ein guter Zeitpunkt, sie öffentlich zu diskutieren:

- § 1. Spielen heißt Spielen: Während eines Spiels diskutieren wir nicht über das Spiel selbst, sondern geben uns an das Spiel hin. Das macht für alle am meisten Spaß und Sinn.
- § 2. Alle Spiele werden ausprobiert: Wenn die Mehrheit der Klasse die Lust an einem kennengelernten und ausprobierten Spiel verloren hat, wird das Spiel beendet.
- § 3. Wir halten uns an die einzelnen Spielregeln und respektieren uns gegenseitig.
- § 4. Wir erweitern oder verbessern eine Regel im Fall eines Falles, bis sie für uns passt – nur nicht während des Spielens, s. o. § 1.

Lennox beschwert sich: Seine Gruppe „Fenster“ kam im Spiel „Suffixblitz“ schlecht weg. Martha und Kim hätten die kreativen Vorschläge aus seinem Team quasi abgestraft. Es wäre aber ihre Aufgabe gewesen, im Gegenteil die Beiträge mit Sonderpunkten zu versehen.

Raquel und Roxanne, Mette und Laura beschweren sich, dass sie von ihren Leuten im Team bei Patzern hart angegangen worden seien. Du kannst ein großes Verzeihen anberaumen: Ihr bildet eine Kreiskartoffel im Sitzen und verzeiht euch bilateral, was vorgefallen ist.

TIPP: Gut, wenn ihr alle gemeinsam darauf achtet, dass sich niemand in ein Spiel „verkeilt“. Wenn Lennox hier Sonderpunkte beantragt, so kannst du als weise Richterin, als gerechter Richter hier drei Sonderpunkte vergeben. Du kannst dir tatsächlich immer neue Sonderpunkte ausdenken, je nachdem, was einzelne Teams an sprachlichen Kostbarkeiten beigetragen haben.

Es ist weitaus erfolgversprechender, das Regelwerk spontan in der Besprechung fortzuschreiben, als von vornherein ein enges Regelwerk zu setzen. So kannst du immer motivierend agieren, und alle bekommen ihr Lob ab.

Wodurch: Der Schlüssel zum Klassenerfolg heißt hier: „Wir sprechen miteinander“ (III.10).

5. Runde fünf – „Magst du das?“

Laut: „Blabb!“ mit „D“ und „T“ – s. o. Runde eins

Wir machen vollmundige, gut gelaunte „Einzelwortmusik“. Nebenbei vergleichen wir ausgesuchte Lautklänge mit ihren Schriftbildern.

1. „Dattel“ – 2. „Theater“ – 3. „Tod / tot / Tat“ – 4. „Du, du, du ...!“ – 5. „Da!“ – 6. „Wetten ...“ – 7. „Schatten“ – 8. „schade“ – 9. „flott“ – 10. „blöd“ – 11. „quitt“ – 12. „daddeln“

Ritual laut: Wörtertanz Köln – Bonn

Wo: im „Wachmach"
Womit: eigene Füße, Wörterblatt M7
Wofür: „orthographisches Schreiben" anbahnen – „sprachliche / gestalterische Mittel sammeln" – „sich ausdrücken" – „sichere Worterkennung" – „Laut" – „Buchstabe" – „Silbe" – Wortschatz – Rechtschreibung – Ausdruck – Lust an der Selbstwirksamkeit – Bewegung – Verknappung – Wortbildung – Bewusstsein Körper/Kopf

IDEE AUF EINS

Wir lernen insgesamt acht verschiedene Wörtertänze kennen und bekommen so in den nächsten Runden ein Gefühl für Silben, Wörter in die Füße und Beine, das uns nie wieder verloren gehen wird.

VORBEREITUNG

Du hast es dir ausnahmsweise in deinem Sessel nicht bequem gemacht, sondern stehst in deinem Arbeitszimmer und kannst dir so gut und gern ein paar Stammsilben auf der Zunge zergehen lassen. Der Wörtertanz „Köln – Bonn" besteht aus lauter Stammsilben: „Fuß", „Bär", „Kinn", „Fleck" ...

Stammsilben sind Meisterinnen im Erzählen. Wird ein Wort wie „struppig" seiner Endung beraubt, und bleibt die Stammsilbe „strupp" übrig – so setzt diese immer noch Assozitionen frei und lässt Bilder im Kopf entstehen.

ABLAUF

Wir stellen uns hinter unserem Stuhl auf. Du klärst kurz für alle, was eine Stammsilbe ist, und v. a., dass Stammsilben schön kompakt erzählen können.

Du: „Das ‚FAHR' im Wort ‚GeFAHRen', das ‚SCHLEICH' im Wort ‚schleichen' ... – Das erzählt bereits etwas.

Du sprichst als Tanzmeister:in die ersten fünf Stammsilben in den Raum und hüpfst bei jeder Stammsilbe mit beiden Füßen und Beinen in die Höhe:

1. Du: „Komm!" (hüpfst zeitgleich mit geschlossenen Beinen) – Klasse: „Komm!" (hüpft zeitgleich mit geschlossenen Beinen) – 2. Du: „Stumpf!" (hüpfst zeitgleich mit geschlossenen Beinen) – Klasse: „Stumpf" (hüpft zeitgleich mit geschlossenen Beinen) – 3. Du: „toll!" – Klasse: „toll!" – 4. „Witz" – Klasse „Witz!" – 5. Du: „Wal!" – Klasse: „Wal!"

Jetzt sind Mette und Laura dran. Oder wer sich sonst meldet. Wir rufen uns im Wechsel die Silben zu. Wer einen Einfall hat, eine saftige „Köln-Bonn"-Silbe kennt, spricht diese auf gut Glück in den Raum.

Erik: „Blut" – Klasse: „Blut" – Sophia: „Wucht" – Klasse: „Wucht" – Nikita: „Flucht" – Klasse: „Flucht" – Laura: „Bucht" – Klasse: „Bucht" ...

Wodurch: Die leitende Instanz ist hier der Rhythmus (II.9).

Foto 4: Wörtertänze: Sprache silbenweise in Gang setzen – Schritt für Schritt

Ritual leise: Alle gucken – gucken alle? – s. o. Runde eins

Wir schauen jedem und jeder in die Augen. Mutprobe.

Ritual leise: Bewegungs-TÖRN 1 – 14

Wo: in der Kreiskartoffel
Womit: eigene Hände
Wofür: „sich verständigen" – „sich mit sprachlicher Vielfalt auseinandersetzen" – „erzählen" – „sprachliche Vielfalt gezielt nutzen" – „erklären" – Begriffsbildung – Denken in Sprache – Wortschatz – Imagination – Erzähl-/Schreibstrategie – Satzbau

Wir wiederholen die bisher ausgeübten Drehs, um die Handbewegungen ins körperliche Bewusstsein einzubetten:

- Dreh eins bis sieben / „Strömungen" waren: „dehnen/sich ausbreiten!", „sprühen/streuen", „schweben", „vor und zurück", „hin und her", „auf und nieder", „weiter"
- Dreh acht bis 14 / „Richtungen" waren: „kurven", „runden", „inne", „peilen", „springen", „tauschen/wechseln", „gelangen/erreichen"

Stoff: Katzen kann man alles sagen von Josef Guggenmos

Wo: in der Sitzkreiskartoffel
Womit: Vortragsblatt M3
Wofür: Konzentration – Wortschatz – kulturelle Teilhabe – „Verstehen und Nicht-Verstehen zum Ausdruck bringen / produktiv bzw. reflektierend umgehen" – „Bezüge herstellen" – „kritisch reflektieren" – „Wertungen zu Texten formulieren und begründen" – „sich mit anderen zu Textwertungen austauschen" – „aufmerksames Zuhören"

IDEE AUF EINS

Durch dosiertes, aber ritualisiertes Vorlesen, Zuhören und Reflektieren eine grundlegende Sprach-, Fühl- und Denkfreude entfalten. Gedichte in ihrer umfassenden Wirkung auf Geist und Seele selbstverständlich und individuell nahrhaft machen.

VORBEREITUNG

Such dir einen guten Ort, an dem du das Gedicht als Ganzes und mit allen Sinnen geistig-seelisch in dich aufnehmen willst. Und dann sprich dir das Gedicht, mal murmelnd, mal rezitierend zu deinem eigenen Kunstgenuss selber vor.

Katzen kann man alles sagen (Josef Guggenmos)

Auf der Treppe saß ein Mädchen,
ein graues Kätzchen auf dem Schoß.
„Dreimal drei ist zwölfundzwanzig",
flüsterte es ihm ins Ohr.

„Aber ja nicht weitersagen!"
Ernst sah es das Kätzchen an.
Keine Sorge! dacht ich, als ich's
im Vorübergeh'n vernahm.

Katzen kann man alles sagen.
Was man auch zu ihnen spricht,
sie verraten kein Geheimnis.
Katzen machen so was nicht!

(Aus: Korber, Tessa (Hrsg.) 2017: Katzen. Lyrische Liebeserklärungen, Cadolzburg: ars vivendi)

ABLAUF

Du liest das Gedicht mehr als ein ein Mal vor. Erst wenn du signalisierst, dass dein Vortrag zu Ende ist, beginnen wir das Gespräch. Wichtig ist: Es geht um die persönliche Begegnung, es geht hier ausdrücklich nicht um stimmige Interpretation oder Analyse. Ihr habt die Uhr gestellt. Mehr als vier Minuten muss die Begegnung nicht dauern.

ICH, DU, ER, SIE, IHR, WIR ALLE

Weil ein Katzengedicht kaum allen gleich viel sagen kann: Haltet dennoch zusammen das Interesse für Poesie aufrecht. Du kannst durch deine eigene Haltung gegenüber dem Gedicht, indem du Euphorie, aber auch einmal persönliche Distanz zu diesem Gedicht äußerst, die individuelle Geschmacksbildung fördern. Ein Gedicht spannend oder uninteressant zu finden, darüber lohnt es sich auszutauschen. Für Gefallen gibt es Gründe.

Wodurch: Der leitende Gedanke hier ist der der Inklusion (I.11).

Spiel: Plural plötzlich

Wo: an der Spiellinie
Womit: Audio-App
Wofür: „sprachliche Strukturen gezielt nutzen" – „orthographische Zweifelsfälle klären" – „individuelle Fehleraufmerksamkeit" – Singular und Plural

IDEE AUF EINS

Wettkampfspiel zwischen dem „1. SC Flur" und der „Spvg Fenster": Wer bildet im Chor fehlerfrei den Plural?

VORBEREITUNG

Die Gruppe „Flur" stellt sich gegenüber der Gruppe „Fenster" in einer Reihe auf. Raquel, Roxanne und andere sitzen auf ihrem Tisch. Ihnen gegenüber Metehan, Marko, Maximilian und Erik machen es genauso.

Du rufst die Audio-App in deinem Smartphone auf und drückst auf Play. So kannst du Giulia und Dragica helfen, die Punktzahlen der beiden Teams im folgenden Spiel zu dokumentieren. Die Eifrigen und „Diskutant:innen" in der Klasse, wie etwa Gibran, Erik, Mette und Nurit, haben so die Möglichkeit, nachzuhören, wenn sie der Meinung sind, von den Schiedsrichterinnen oder von dir benachteiligt worden zu sein.

ABLAUF

Ganz links in der Reihe der „Flur"leute steht Toni. Toni ruft einen Singular – z. B. „Ball" – aus. Die ganze Gruppe „Fenster" muss – und zwar unisono – den Plural – „Bälle" – dazu rufen. Schafft die Gruppe „Fenster" kein einigermaßen deutliches Unisono oder braucht sie zu lange, dann gibt es einen Punkt für die Gruppe „Flur". Rechts von Toni steht Tonis Nebensitzer Helge. Fällt Helge nicht schnell genug ein neues Wort im Singular ein, gibt es einen Punkt für die „Fenster"-Gruppe.

NACHBEREITUNG: Du hörst dir die Runde „Plural plötzlich" zu Hause an und zählst mit: Wie viele „astrein" eingebrachte Wörter im Plural hat welche Gruppe aufgeboten? Gab es Patzer? Wenn ja, wie viele und auf welcher Seite? Du legst dir eine vorzeigbare, nachprüfbare Notizdatei an bzw. hältst die Ergebnisse tabellarisch fest. Du kannst diese Arbeit auch an Mitglieder der Klasse delegieren. Natürlich haben alle das Recht, die Notizen zu überprüfen.

Wodurch: Die leitende Instanz hier ist die Überlieferung (II.10).

Spiel: Fantastische Gymnastik

Wo: am Austauschtisch im Stehen
Womit: Notizheft
Wofür: „sich verständigen" – „erzählen" – „erklären" – Spaß – „Präsentation" – Fantasie – geführte Bewegung

IDEE AUF EINS

Eine ganzkörperliche Schwesterübung zu TÖRN. Anstatt die Hände zu fokussieren, kommen hier alle Glieder zum Einsatz.

VORBEREITUNG

Stell dich auf ein Bein. Wie du so stehst und in dich hineinspürst und an dir hinunterschaust, kommst du mit etwas Fantasie darauf, wer oder was du in dieser Körperhaltung alles sein könntest. Solche Fantasien dürfen sich die Schüler:innen in ihren Tandems frei von der Leber weg ausdenken.

ABLAUF

Auf einem Bein stehen ist gut, aber auch auf allen vieren, wie ein Hund oder zusammengekauert am Boden wie ein Kieselstein kann Raquel sich jede Menge Geschichten oder Figuren ausdenken, wer sie alles sein könnte.

Raquel und Roxanne bewegen sich im Tandem und notieren ihre Ergebnisse. Raquels Notizheft: Fantastische Gymnastik, 8. Oktober: Roxanne ist eine Koralle mit großen Fangarmen gewesen, danach ein Handy-Sendemast, der viele lustige Gespräche weitergeleitet hat, danach noch ein Fischreiher, der einem Wasserfrosch aufgelauert hat.

Wodurch: Die leitende Instanz hier ist die Fantasie (II.5).

Übung: Wortschatz-TÖRN 15 – 21

Wo: am Austauschtisch
Womit: eigene Hände
Wofür: „sich verständigen" – „sich mit sprachlicher Vielfalt auseinandersetzen" – „erzählen" – „sprachliche Vielfalt gezielt nutzen" – „erklären" – Begriffsbildung – Denken in Sprache – Wortschatz – Imagination – Erzähl-/Schreibstrategie – Satzbau

IDEE AUF EINS

Eine im Körper abrufbare Matrix für Wortschatz und Gestaltungsideen aufbauen.

VORBEREITUNG

Die dritte „Lieferung" von TÖRN habe ich mit „Tastungen" überschrieben. Vielleicht sitzt du wieder in deinem persönlichen Lieblingssessel und führst dir so frei Hand die nächsten sieben Drehs zu Gemüte.

Der 15. Dreh heißt „rühren/berühren". Du hast es dir wieder bequem gemacht. Deine Hände liegen bereit. Hü berührt, etwa mit seinem Zeigefinger, einen Punkt an deiner rechten Hand. Oder du lässt Hoi sich selbst berühren, indem Hoi seinen Zeigefinger an seinen Daumen rühren lässt. Bleibe so, und aus dem 15. Dreh wird der 16., wenn sich die Finger an ebendieser Stelle beginnen, zu „reiben", sich zu „drücken".

Aneinander gedrückt, wie sie sind, beginnen Hü und Hoi miteinander zu „balgen", zu „rangeln", das ist der 17. Dreh. Aus diesem erwächst der 18., denn jetzt „spannen" die Hände links wie rechts, Fingerspitze an Fingerspitze einen Bogen. Nun beginnen sie, sich umeinander zu „drehen", sich miteinander zu „verspulen", zu „spinnen" (19. Dreh). Für den 20. Dreh, das „Verschränken", rutschen die Finger von Hü und Hoi nun ineinander. Sie verhaken sich mit allen Fingern, die sie an sich haben. Aus dieser „sich verstrickenden" Auseinandersetzung erwächst ein „Schütteln", ein „Beben" und „Zittern" (21. Dreh). Wie diese Situation sich auflöst – steht in Runde sechs.

ABLAUF

Wieder stehst du vor allen. Die Klasse sitzt und du zeigst ihnen Dreh für Dreh und benutzt die Worte, die dir dabei spontan in den Sinn kommen.

ICH, DU, SIE, ES, IHR, WIR ALLE

Mette und Laura hatten solchen Spaß mit ihren Törns und sind auf Dinge gestoßen, die sie auch dir mitteilen müssen. Sie holen sich den „Wir-sind-toll-Ball" und werfen ihn dir zu. Du wirfst ihnen zurück und sagst, was sie hören wollen: „Ihr seid toll."

Wodurch: Die leitende Instanz hier ist die Fantasie (II.5).

Text: Meine versunkene Stadt – s. o. Aufgabe Runde vier

Wo: bei sich selbst
Womit: Notizheft, Textheft
Wofür: „Identität ausdrücken" – „Texte verfassen" – „flüssig formulieren" – „Texte überarbeiten" – „kritisch reflektieren" – „sich mit anderen zu Textwertungen austauschen" – „sich mit Texten auseinandersetzen" – „orthographisch schreiben"

IDEE AUF EINS

Die auf dem Spaziergang durch das eigene Viertel gefundenen „Zeichen aus der Vergangenheit" verschriften.

VORBEREITUNG FÜR DICH

Nimm dir selbst am Vortag zu dieser Runde einen Moment Zeit und frage dich: „Wenn ich selbst noch mal zehn Jahre alt wäre: Welche Ecke in meiner näheren Umgebung würde mich interessieren? Und wenn du kannst, geh kurz vorbei (oder eben in Gedanken) und schau dir die Stelle an. Ja, dieses Gitter in der Betonmauer, die das Grundstück deiner Nachbarin umfasst – es könnte eigentlich ein Zugang zu einem verborgenen Gang sein. Notiere dir drei Sätze über diese Stelle in dein Wort-und Spiel-Notizheft.

ABLAUF

Nurit holt ihr Notizheft und ihr Textheft an ihren Tisch. Sie verschriftet ihre Stichwörter vom Spaziergang der letzten Runde, indem sie auf einer neuen Seite ihres Textheftes etwas weiter ausholt. Falls sie gerade nicht recht ins Schreiben geraten kann, behilft sich Nurit mit einer Handbewegung aus „Törn". Etwa mit dem vierten Dreh, „vor und zurück". Nurit geht in ihrer Vorstellung und im Einklang mit ihren Notizen aus der Vorrunde „vorwärts", hinein in das struppige Unterholz neben ihrer Bushaltestelle. Sie schreibt auf, was sie dadurch zu sehen bekommt, dass sie sich mit den Händen weiter „vor"-gewagt hat:

Nurit: „In dem Tunnel funkelt es wie Gold. Das kommt, weil hier ein Schatz vergraben wurde. Der gestohlene Schatz einer Gräfin von Mönchengladbach von vor dreihundert Jahren ..."

Während Nurit eher detektivisch vorgeht, schreibt Nikita eher einen kurzen Archäologenbericht. Alles zählt.

ICH, DU, ER, SIE, IHR, WIR ALLE

Erik diktiert Maximilian, was er sieht oder gesehen, erlebt hat. Danach wechseln sie.

Wodurch: Die Aktion lebt von der Einbildungskraft (II.5).

Aufgabe: Geräusche sammeln

Wo: draußen
Womit: Notizheft, Audio-App
Wofür: „Identität ausdrücken" – „Texte angemessen formulieren" – „gedanklich geordnet formulieren" – „Texte verfassen" – Selbstwirksamkeit – „flüssig formulieren"

IDEE AUF EINS

Bei geschlossenen Augen Geräusche bewusst wahrnehmen, erzählerisch ausdeuten und notieren.

VORBEREITUNG

Schließe selbst für ca. drei Minuten die Augen und lausche in die Stadt, in die Umgebung hinaus oder in die Stille des Zimmers hinein. Was hörst du? Ich selbst habe in meinem Arbeitszimmer dasselbe schon getan und aus den flugs aufnotierten Geräuschen ein von mir so genanntes „Horchgedicht" geformt:

Stuttgart-Süd, an der Alten Weinsteige
„Tschillp! za-Tschillp!" (Spatz auf der Oberleitung) – „Klirr!" „Klirr!" „Kleckeding! Tschäckeling!" (Altglascontainer) – „Wawäh!" „Wawäh!" „Wawawawawäh!" (Säugling im Nachbarhaus) – „Zziiiieh...gräää....kaDong, kaDong!" (Zahnradbahn fährt über die Weiche) – „Tschillp! za-Tschillp!" (Spatz auf der Oberleitung) – „Drääääääähmmmm" (Smart fährt die Alte Weinsteige hoch) – „Tüüt!" „Tüüt!" „Tüüt!" – „Duhudd!" (LKWs, deren Hupen im Dialog) – „Schnabbarabbrabb!" – „Schnabbarabbrabb!" – „Schnabba-rabba-rabba-rabba-rabb!" (ein Presslufthammer) – „Tschillp! za-Tschillp!" (derselbe Spatz auf der Oberleitung) – „Dickelidudelidööh! Dickelidudelidööh! Dickelidudelidööh!" (ein Handy klingelt)

ABLAUF

Öffnet das Fenster eures Klassenzimmers. Auch hier geht es darum, genau auf die Geräusche in eurer Umgebung zu achten. Da ihr jetzt zeitgleich praktisch dieselben Geräusche hört – da schreibe ein jedes geschwind in sein Heft „SCHNELL" (Datum und „Horchgedicht" reicht als Marker), was ihr persönlich hört, und benennt es, wie ihr denkt.

Das ist die Vorübung zu der Heimaufgabe, bis zur nächsten Runde sieben bis zwölf Geräusche außerhalb der Schule zu sammeln (in der Freizeit, beim Sport, in der Natur) und diese Funde zur Runde sechs wieder mit in die Schule zu bringen.

VARIANTE, Orte und Geräusche sammeln: Auf Obstbaumwiesen kommen andere Geräusche vor als in der Innenstadt von Düsseldorf. Im Hafen von Norderney hörst du Wellen, Möwen und Schiffshupen. Wieder ganz andere Töne hörst du im Eingang eines großen Hochhauses. Wer mausert sich zum Experten, zur Sammlerin von Geräuschen auf dem Schulgelände?

Wodurch: Die leitende Instanz hier ist das Ohr (II.4).

Lob: Spielkritik & Heftberatung

Wo: in der Kreiskartoffel
Womit: Chronik + dein Notizheft
Wofür: „kritisch reflektieren" – „sich verständigen" – „informieren" – „argumentieren" – „diskutieren" – „appellieren" – „erklären" – „gezieltes Feedback" – „Aussagen beurteilen"

IDEE AUF EINS

Durch persönliche Rückmeldungen deinerseits gewinnt Wort und Spiel an motivatorischem Gewicht für Toni, Helge, Mette & Co.

VORBEREITUNG

Du setzt dich im Vorfeld von Runde fünf für ein Stündchen hin und gehst die Klassenliste durch. Wer hat sich in den vergangenen Spielrunden als pfiffig erwiesen? Diese Schüler:innen sollen für ihre Deutschnote davon einen Vorteil haben. Eine andere Möglichkeit, einen Erfolg durch eine gute Deutschnote zu erwerben: Wenn Clara und Metehan dir ihr Heft, „SCHNELL" oder „SCHÖN" zu lesen mitgeben wollen, bekommst du einen reicheren Eindruck ihrer Aktivitäten. Das schlägt sich natürlich in der Benotung nieder.

Du stellst dir die Uhr und gehst im Geiste deine Schüler:innen durch. Toni, Helge, Mette – jede:r bekommt fünf Minuten Nachdenkzeit von dir. Das Ergebnis deiner Erinnerungen bzw. deiner Textlektüren hältst du in deiner eigenen Wort-und-Spiel-Chronik fest.

ABLAUF

Ihr bildet eine Kreiskartoffel. Du schlägst deine Chronik auf und meldest sportlich-ehrlich, aber immer wertschätzend an alle Klassenmitglieder einzeln zurück, was individuell stark und was ausbaufähig ist. Wer möchte, kann sich die Rückmeldung im eigenen Notizheft notieren.

Wodurch: Die Aktion folgt dem Grundsatz „Jedes Bedürfnis hat seinen Rang und seine Zeit (I.6)".

Zweites Quartal: weitermachen

6. Runde sechs – „Nichts dagegen!"

Zu TÖRN: Wozu die Hände ab jetzt den Schüler:innen taugen
Wenn Metehan, Marko, Valentina, Clara und viele andere auch einfach Freude am analogen Spiel mit den eigenen leiblichen Händen entwickelt haben, so wäre das allein noch nicht wirklich den Aufwand wert, den wir erbringen, um die 49 Bewegungen kennenzulernen und zu verinnerlichen. Aber mehr und mehr erwerben Toni, Helge und alle anderen ein anwachsendes Werkzeug, das ihnen erlaubt, bei jeder anstehenden Schreibaufgabe, natürlich auch außerhalb der 20 Spielrunden, ihre Hände „um einen Einfall zu bitten". Je öfter Nurit oder Carlota mithilfe von „Hü und Hoi" für ein, zwei Minuten in eine plastische Vorstellungswelt aufbrechen und sich von ihren aktivierten Händen erzählen lassen, „wo ungefähr" oder „wo genau" sie sich befinden, desto öfter wird ihnen ein Wort, eine Formulierung in den Sinn kommen, um einen Satz zu verbessern, der ihnen auf der Zunge lag. Die einzige Gelingensbedingung ist: TÖRN muss ohne Hemmungen vollzogen werden und zweckfrei gespielt und erspielt werden können. TÖRN darf nicht dazu benutzt werden, um ein außerhalb dieses Spiels befindliches Thema zu bearbeiten – es sei denn, Dragica wählt selbst für sich diese Methode bei einer ihrer nächsten Schreibanlässe.

Laut: „Blabb!" mit „E" – s. o. Runde eins
Wir machen vollmundige, gut gelaunte „Einzelwortmusik". Nebenbei vergleichen wir ausgesuchte Lautklänge mit ihren Schriftbildern.

1. „Ebene" – 2. „Gegend" – 3. „See" – 4. „heftig" – 5. „es" – 6. „Hepp!" – 7. „wer" – 8. „sehr" – 9. „Depp!" – 10. „Treppe" – 11. „ekelhaft" – 12. „Beere"

VORBEREITUNG

Im Wort „Eberesche" sind alle drei „e"-Laute der deutschen Sprache enthalten.

DIFFERENZIERUNG

Wenn Clara, Sophie oder Roxanne die Wörter hintereinander sprechen, so klingt alles noch recht gleich. Es wäre auch verwunderlich, wenn es anders wäre. Aber inzwischen hatten sich einige Momente ereignet, in denen z. B. Erik oder Danylo sich getraut haben, beim plastischen Gestalten von Vokabeln aus sich herauszugehen. Davon wird es auf längere Sicht noch mehr geben ...

Laut: Sprechen und machen – s. o. Runde eins
Wir erkunden den Körper. Welche Wörter und Taten kann ich mithilfe meiner Arme, Beine, Hände usw. aufrufen und verkörpern?

Ritual laut: Wörtertanz Köln – Bonn – s. o. Runde fünf
Wir treiben schallend Wortbildung von Kopf bis Fuß.

Ritual leise: „Horch, das Reh lauscht ..."

Wo: bei sich selbst
Womit: Klangschale
Wofür: „soziales Handeln" – „aufmerksames Zuhören" – „zu anderen sprechen", „mit anderen sprechen" –Achtsamkeit – Selbstbewusstsein – Respekt – Fantasie – Schweigen als „Sprechen mit anderen Mitteln"

IDEE AUF EINS

Anhand von inneren Vorstellungen von lauschenden Tieren, die ihre Ohren in den Wind stellen, erfahren wir in der Klasse die Sensation einer gefüllten Stille.

VORBEREITUNG

Alle setzen sich auf die vordere Hälfte ihres Stuhls, nachdem sie ihn merklich anders ausgerichtet haben. Alle setzen sich individuell. Du beschreibst eine Szene wie diese etwa:

Du: „Wenn ihr jetzt aufrecht und zugleich entspannt auf eurem Stuhl sitzt, dann lasst uns ein Bild zusammen vors innere Auge stellen. Wenn wir jetzt bitte die Augen schließen – siehst du dort das Reh? Das Reh am Waldrand dort. Vielleicht steht es auch auf einer Lichtung im Wald. Oder aber es steht auf einer Wiese, gleich hinter dem Neubaugebiet. Und das Reh, es stellt aufmerksam seine Ohren in den Wind und horch, das Reh lauscht ..."

ABLAUF

Nach diesem Satz lässt du ein wohltuendes Signal ertönen, z. B. von einer Klangschale. Alle schließen weiterhin die Augen, du, ein wenig zeitverzögert, auch und – horchen. Zwei Minuten lang.

ICH, DU, ER, SIE, IHR, WIR ALLE

- einbetten: Kinder mit besonderem Bewegungsdrang können zur Geräuschquelle werden. Es müssen nicht alle stillsitzen, wenn sie aus triftigen Gründen die Stille nicht ertragen.
- trennen + lösen: Marko ist ein solcher Fall. Er darf entscheiden, ob er, zumindest heute für drei Minuten auf den Flur geht. Perspektivisch könnte er versuchen, mitzumachen.

Wodurch: Die leitende Instanz hier ist das Ohr (II.4).

Ritual leise: Bewegungs-TÖRN 1 – 21

Wo: im Wachmach
Womit: eigene Hände u. Arme
Wofür: „sich verständigen" – „sich mit sprachlicher Vielfalt auseinandersetzen" – „erzählen" – „sprachliche Vielfalt gezielt nutzen" – „erklären" – Begriffsbildung – Denken in Sprache – Wortschatz – Imagination – Erzähl-/Schreibstrategie – Satzbau – Freude an der Bewegung

Wir wiederholen Dreh eins bis 21 „Strömungen“. Du benennst die Bewegungen und umschreibst sie mithilfe der TÖRN-Fragothek. Die Schüler:innen murmeln die Namen der Drehs mit. Das hilft, um sie sich einzuprägen:

- Dreh eins bis sieben / „Strömungen“ waren: 1. „dehnen/sich ausbreiten!“, 2. „sprühen/streuen“, 3. „schweben“, 4. „vor und zurück“, 5. „hin und her“, 6. „auf und nieder“, 7. „weiter“
- Dreh acht bis 14 / „Richtungen“ waren: 8. „kurven“, 9. „runden“, 10. „innehalten“, 11. „peilen“, 12. „springen“, 13. „tauschen/wechseln“, 14. „gelangen/erreichen“
- Dreh 15 bis 21 / „Tastungen“ waren: 15. „be-/rühren“, 16. „reiben/drücken“, 17. „balgen/raufen“, 18. „spannen“, 19. „drehen/spinnen/bohren“, 20. „verschränken/verstricken/weben“ und 21. „schütteln/beben“

Mehr!: Wenn Valentina die ersten sieben, 14 oder auch bereits 21 Bewegungen schon gut benennen und sprachlich umkreisen kann, darf sie dich gern ersetzen. Dann leitet Valentina die Klasse und dich beim Festigen der 21 Bewegungen an.

Foto 5: TÖRN – die Sprache mit Händen zu begreifen anfangen; hier Dreh 6

Stoff: Karawane (Zug der Elefanten) von Hugo Ball

Wo: in der Kreiskartoffel
Womit: Vortragsblatt M3
Wofür: Konzentration – Wortschatz – kulturelle Teilhabe – „Texte verstehen“ – „Verstehen und Nicht-Verstehen zum Ausdruck bringen – „kritisch reflektieren“ – „Wertungen zu Texten formulieren und begründen“ – „sich mit anderen zu Textwertungen austauschen“ – Spaß – „sich mit sprachlicher Vielfalt auseinandersetzen“ – „aufmerksames Zuhören“ – „Aussagen beurteilen“

IDEE AUF EINS

Durch dosiertes, aber ritualisiertes Vorlesen, Zuhören und Reflektieren eine grundlegende Sprach-, Fühl- und Denkfreude entfalten. Gedichte in ihrer umfassenden Wirkung auf Geist und Seele selbstverständlich und individuell nahrhaft machen.

VORBEREITUNG FÜR DICH

Mach es dir angenehm. Such dir einen guten Ort, an dem du das Gedicht als Ganzes und mit allen Sinnen geistig-seelisch in dich aufnehmen willst.

Karawane (Zug der Elefanten) (von Hugo Ball)
jolifanto bambla o falli bambla
grossiga m'pfa habla horem
egiga goramen
higo bloiko russula huju
hollaka hollala
anlogo bung
blago bung blago bung
bosso fataka
ü üü ü
schampa wulla wussa olobo
hej tatta gorem
eschige zunbada
wulubu ssubudu uluwu ssubudu
tumba ba-umf
kusa gauma
ba – umf

(In: Ball, Hugo (2017): Gedichte. Herausg. von Eckhard Faul. Göttingen: Wallstein, S. 68)

ABLAUF

Du stellst dich vor die Klasse, wartest, bis dich das Bild der wandernden, schreitenden Elefanten innerlich ergreift, und lässt das Gedicht dann nach Lust und Gusto aus dir heraus.

ICH, DU, ER, SIE, IHR, WIR ALLE

Weil der „Zug der Elefanten“ als Angebot kaum allen gleich viel sagen kann: Haltet dennoch zusammen das Interesse für Poesie aufrecht. Du kannst durch deine eigene Haltung gegenüber dem Gedicht, indem du Euphorie, aber auch einmal persönliche Distanz zu diesem Gedicht äußerst, die individuelle Geschmacksbildung fördern. Ein Gedicht spannend oder uninteressant zu finden, darüber lohnt es sich auszutauschen. Für Gefallen oder Ablehnung gibt es Gründe.

- einbinden: Wenn Gibran oder Danylo Schüler sein sollten, die erst seit kurzer Zeit Deutsch lernen, so haben sie hier Gelegenheit, „genauso wissend“ zu sein wie die Mehrheit der Klasse, die schon länger Deutsch spricht, hört und liest.

Wodurch: Die leitende Instanz hier ist der Klang (II.7).

Spiel: Die langweiligste Geschichte aller Zeiten

Wo: in der Kreiskartoffel
Wofür: „Texte angemessen formulieren“ – „gedanklich geordnet formulieren“ – „orthographisch schreiben“ – „Texte verfassen“ – „Texte überarbeiten“ – „kritisch reflektieren“ – „sich mit anderen zu Textwertungen austauschen“ – „orthographisch schreiben“ – Erzählkompetenz – Textkohäsion – Weltaneignung – Spaß – Erfolgserlebnis – Irritation – Performance – Komik

IDEE AUF EINS

Improvisierte, eigentlich nichtssagende Alltagsdinge erlangen durch pfiffige Darstellung erstaunlicherweise Pfiff.

VORBEREITUNG

Mach es dir in deinem Vorfreudesessel bequem und lies dir meine Geschichte über eine Betonfliese aus dem Baumarkt durch.

Ich: „Es war einmal eine Betonfliese. Die lag in einer Garage. (Pause) In einer Ecke. (Pause) Herum. Ende."

Kannst du diese Geschichte in ihrer Langweiligkeit übertreffen? Was fällt dir ein zu einem Gurkenglas?

Wieder ich: „Es war einmal ein Gurkenglas. Mit lauter Gurken darin. Nein, es war kein Glas mit eingelegten Paprika, sondern ein Glas mit eingelegten Gurken. Wenn ein Mensch das Glas in die Hand nahm, konnte es sein, dass die Gurken des Gurkenglases im Gurkenglas ein wenig herumschwammen; gerade so, wie Gurken das eben tun, wenn sie in einem Gurkenglas gelandet sind. Aus."

ABLAUF

Du stehst da und fragst deine Leute:

Du: „Hört bitte zu. Ich behaupte, Geschichten sollten spannend sein, zumindest interessant. Bei diesem Spiel läuft es genau umgekehrt. Dieses Spiel macht genau dann Spaß, wenn die Geschichte, die erfunden werden soll, so langweilig wie möglich ausfällt. Geht das überhaupt? Und ob! Ich werde es euch beweisen. Ich gebe euch ein Beispiel: ‚Es war einmal eine Betonfliese. Die lag in einer Garage. (Pause) In einer Ecke. (Pause) Herum. Ende.'"

Nun stellst du ohne Aufhebens die drei Bauelemente an der Tafel zusammen: Die Geschichte „muss" mit „Es war einmal ..." beginnen. Es „muss" darin um „irgendetwas" gehen. Und drittens „muss" zum Schluss ein Schlusswort unbedingt gesprochen werden. Ein „Aus" oder „Basta". „Ich bin fertig", ein „Ende der Geschiche" oder was auch immer.

Eigentlich kannst du erwarten, dass die schnellen Temperamente in der Klasse auch schon starten werden, um „subito" eine eigene Geschichte vom Stapel zu lassen. Dämpfe diesen Eifer, um jeder und jedem Gelegenheit zu geben, kurz eine eigene Geschichte zu erfinden. Wer sitzt, denkt nach. Wer aufsteht, will und kann vortragen. Nach dieser Verfahrensregel können nun ca. sieben „Langweiligste Geschichten" um die Wette langweilen.

Wodurch: Die leitende Instanz ist hier die Form (II.11).

Spiel: Kasus

Wo: an der Spiellinie
Womit: Wettkämpfchenchronik M4
Wofür: „sich mit sprachlichen Strukturen auseinandersetzen" – „sprachliche Strukturen gezielt nutzen" – „erzählen" – „informieren" – „argumentieren" – „diskutieren" – „appellieren" – „erklären" – „Präsentation" – „orthographische Zweifelsfälle klären"

VORBEREITUNG

Wir bilden wieder zwei wetteifernde Gruppen: Gruppe „Flur" und Gruppe „Fenster".

Zur Gruppe „Flur" zählen: Toni und Helge, Gibran und Danylo, Yaron und Carlota, Nikita und Samir, Raquel und Roxanne, Clara und Sophia – und Elias, obwohl er mit Jalte zusammen in der letzten Reihe in Fensternähe sitzt. Die beiden werden für die Wettkampfrunden dauerhaft aufgeteilt. Zur Gruppe „Fenster" zählen: Metehan und Marko, Mette und Laura, Nurit und Valentina, Maximilian und Erik, Mariam und Natyla – und Jalte.

ABLAUF

Im ersten Durchlauf geht es um den Akkusativ. Die Gruppe „Flur" ruft ein Nomen im Nominativ mit bestimmtem Artikel. Die Gruppe „Fenster" muss sofort den Akkusativ des Nomens ableiten. Ein Mitglied der Gruppe muss zum herausgerufenen Akkusativ einen Beispielsatz bilden und hinterherrufen.

Gruppe Flur: „Der Vogel" – Gruppe Fenster: „Den Vogel" + Valentina aus der Gruppe Fenster: „Die Frau füttert den Vogel."

In der nächsten Runde geht es um den Dativ. Hier fängt die Gruppe Fenster an:

„Ein Wellensittich!" – Gruppe Flur: „Einem Wellensittich!" – Gibran: „Ich entschuldige mich bei einem Wellensittich."

Welche der beiden Gruppen hat laut Schiedsrichterinnen Guilia und Dragica nach jeweils zwei Wechseln pro Kasus die meisten Punkte beisammen? Das Ergebnis wird in der Wettkämpfchenchronik festgehalten.

Wodurch: Die leitende Instanz hier ist das Spiel (II.1).

Übung: TÖRN Satzauflauf 15 – 21 & Welche, Welches, Welcher

Wo: am Austauschtisch
Womit: eigene Hände
Wofür: „sich verständigen" – „sich mit sprachlicher Vielfalt auseinandersetzen" – „erzählen" – „sprachliche Vielfalt gezielt nutzen" – „erklären" – Begriffsbildung – Denken in Sprache – Wortschatz – Imagination – Erzähl-/Schreibstrategie – Satzbau

IDEE AUF EINS

Die Klasse tauscht sich tischweise über die bisher verhandelten Bewegungen aus. Anhand der Fragen „Welche", „Welches" und „Welcher" entstehen immer mehr vollmundige Formulierungen darüber, was diese vierzehn Bewegungen bedeuten, wofür sie stehen könnten.

VORBEREITUNG

Du schreibst eine Auswahl aus diesen Fragen an die Tafel:

Welch-Brimborium
Welche: Welche Kreatur? Welche Software? Welche KI? Welche Autorität? Welche Chance? Welche Folge/Konsequenz? Welche Dimensionen? Welche Anhäufung/Ansammlung? In welcher seelischen Verfasstheit? In welchen Stimmungen?
Welches: Welches Geschlecht? Welches Geschöpf? Welches Tier? Welches Ding? Welches Opfer? Welches Material? Welches Computerprogramm? Welches Ergebnis? Mit welchem Motiv? In welchem Ausmaß? In welchem Genre?
Welcher: Welcher Gegenstand? Welcher Täter? Welcher Stoff? Welcher Computer? Aus welchem Wunsch? An welchem Punkt? Bis zu welchem Punkt? In welchem Körper? Mit welchen Sinnen wahrgenommen (Fontanella, Schnurrbarthaare)? Welcher Wert ist dem beizumessen?

ABLAUF

Die Schüler:innen gehen paarweise zusammen und wiederholen die sieben neuen Bewegungen: 15. „(be)rühren", 16. „reiben/drücken", 17. „rangeln/balgen/raufen", 18. „spannen", 19. „drehen/spinnen", 20. „verschränken/verstricken", 21. „beben/schütteln". Du ermunterst sie dabei zu ersten Geschichten, sofern es nicht schon von selbst geschehen ist. Gibt es eine Figur, die Mettes Hand beim „Drehen" wie ein Fahrzeug benutzt? Hat Laura vielleicht die Assoziation, dass sie sich in einem Dickicht befindet, während sie ihre Finger ineinander verschränkt? Ziel der Übung ist, dass die Mitglieder der Klasse mit den Benennungen zu den einzelnen Bewegungen etwas anfangen können. Was heißt es, wenn sich etwas „ineinander verschränkt"? Und vor allem: Wo, und jetzt neu: Wer genau, welche Figur könnte hier aktiv geworden sein? Wenn die geschaffene Situation auch wahllos und willkürlich erscheinen kann – der Gewinn von TÖRN liegt genau darin: TÖRN beginnt irgendwo und lässt die Sprache über kurz oder lang wuchern, mündlich wie schriftlich.

Wodurch: Die leitende Instanz hier ist die Fantasie (II.5).

Text: Horchgedicht

Wo: am Austauschtisch
Womit: Notizheft
Wofür: „Texte verfassen" – „sich mit Texten auseinandersetzen" – „Texte mit Vorwissen verbinden" – „Texte erschließen" – „Bezüge herstellen" – „über Textwissen verfügen" – Irritation gestalten – ästhetische Sprachdimension

IDEE AUF EINS

Die Notizen von der Aufgabe am Ende der Runde fünf jetzt umsetzen.

VORBEREITUNG

Du stimmst die Klasse nochmals mit Hugo Balls „Zug der Elefanten" auf diese Schreibaktion ein. Außerdem besprecht ihr: Ein dunkles Geräusch braucht mehr „os" und „us", ein helles mehr „es" und „is". Ein weiches Geräusch braucht mehr „ms" und „ns", ein hartes mehr „ps" und „ts". Mit einer Handvoll verschiedener „Kräche" kann man schon ein gutes Gedicht machen. Geräuschwörter können sich häufiger wiederholen, wie ein Liedrefrain.

ABLAUF

Nikita hat eine Müllabfuhr belauscht. Samir, sein Nebensitzer, hat zu Hause ein Aquarium seines Vaters studiert. Sie einigen sich darauf, zuerst das Aquarium zu vertexten. Samir hat verschiedene Wörter in seinem „SCHNELL" notiert: „Blublubb", „Plub" und „Blabb". Da wäre wohl noch mehr machbar gewesen, aber das macht auch nichts. Gemeinsam mit Nikita kann er auch aus diesen drei Angaben etwas wie ein Horchgedicht herstellen.

TIPP: Nicht nur tatsächlich gehörte Dinge, auch vorgestellte, fantasierte Geräusche können das Horchgedicht vollends ins Fließen bringen.

Samir (mit Unterstützung von Nikita):
„Blublubb. Blubblubb. Blublubb. Plub. Blabb. Plub Plub Blabb.
Blublubb. Blubblubb. Blublubb. Plub. Blabb. Plub Plub Blabb.
Blublubb. Blubblubb. Blublubb. Plub. Blabb. Plub Plub Blabb.
Fchchchchchchchhhhhhchchchchhhhh!"

Nikitas Idee: Zum Schluss erscheint ein kleiner Hai und faucht den Betrachter an. Jetzt berät Samir Nikita bei seinem Müllabfuhrhorchgedicht.

Wodurch: Leitende Instanz hier ist der Klang (II.7).

7. Runde sieben – „Ich hab euch schon vermisst"

Laut: „Blabb!" mit „Ei" und „Eu" – s. o. Runde eins
Wir machen vollmundige, gut gelaunte „Einzelwortmusik". Nebenbei vergleichen wir ausgesuchte Lautklänge mit ihren Schriftbildern.

1. „Eimer" – 2. „Eile mit Weile!" – 3. „Speiseeis" – 4. „Keilerei" – 5. „keins!" – 6. „euch!" – 7. „Eule" – 8. „Eylin" – 9. „Beule" – 10. „Abscheu" – 11. „Feierfreuden" – 12. „Moin, moin!"

Bitte habe keinen Respekt vor besonderen Wörtern: Wer sagt denn, ob Gibran, der erst seit drei Jahren in Deutschland ist, das Wort „Keilerei" nicht genauso gut versteht wie der in Deutschland geborene Erik, wenn du und die Klasse nur genügend Lust darauf haben, beim Sprechen dieses Wortes aus sich herauszugehen, die Gefährlichkeit des Wortes zu kosten beim Schmecken …

Laut: Sprechen und machen – s. o. Runde eins
Wir erkunden den Körper. Welche Wörter und Taten kann ich mithilfe meiner Arme, Beine, Hände usw. aufrufen und verkörpern?

Ritual laut: Wörtertanz „München"

Wo: im Wachmach
Womit: eigene Füße, Wörterblatt M7
Wofür: „orthographisches Schreiben" anbahnen – „sprachliche / gestalterische Mittel sammeln" – „sich ausdrücken" – „sichere Worterkennung" – „Laut" – „Buchstabe" – „Silbe" – Wortschatz – „Rechtschreibung" – Ausdruck – Lust an der Selbstwirksamkeit – Bewegung – Verknappung – Wortbildung – Bewusstsein Körper/Kopf

IDEE AUF EINS

Wir erkunden den häufigsten, „gängigsten" Rhythmus deutscher Wörter und erfahren, praktisch mit Füßen und Schritten, was Trochäen sind – ohne dieses Fremdwort benutzen zu müssen.

VORBEREITUNG

Du stehst in deinem Arbeitszimmer und sprichst dir selbst Wörter wie „Sónne", „Tónne", „Rósen" vor. Dein Körper konzentriert sich dabei nicht nur auf die Zahl der Schritte, sondern auch darauf, wie du auftrittst, ob du mit der Ferse oder der Fußspitze auftrittst, wie fest du den Boden kontaktierst, wie rasch oder langsam, wie ausladend oder wie nah aufeinander du die Schritte setzt usw. Solchermaßen sensibilisiert wird der Funke von dir auf die Klasse überspringen, nämlich Wörter wie „Wiese" oder „Sommer" anders zu gehen als Wörter wie „Starre", „Winter" oder „Kette". Alle Beispiele haben denselben zweisilbigen Ablauf im Groben. Aber die Unterschiede in den Lauten sind für lauschende Ohren nicht zu verkennen. Und die Laute folgen eben unterschiedlichen Inhalten.

ABLAUF

Du kannst etwa sagen:

„Der heutige Wörtertanz mit dem schönen Namen München liegt uns. In den Namen der einfachen Dingen, die uns umgeben, steckt er fast immer drin: (an die Decke zeigen) ‚Lampe', ‚Decke', (an die Wand zeigen) ‚Wände', ‚Stecker', ‚Fenster'. Das alles sind München-Wörter."

Du machst fünf Wörter vor. „Schuhe" – „Eimer" – „Tafel" – „Wipfel" – „rollen". Dann bittest du um Mitwirkung, um Zurufe aus der Klasse. Mariam tut sich leicht und organisiert den Tanz fast allein? Dagegen ist nichts zu sagen.

TIPP: Sollten einzelne Wortvorschläge nicht dem Typus „Münch-en" entsprechen, sollte Jalte z. B. Wörter wie „Stadtbahn" vorschlagen, dann gib einen beiläufigen Hinweis: Danke, „Stadtbahn" ist bereits der Wörtertanz „Stuttgart" bzw. „Braunschweig". Er kommt in Runde dreizehn. – Den Tanz nicht abbrechen, vielmehr zulassen und drauf hinweisen. Je mehr Runden wir absolvieren, desto mehr Gefühl für die Sprache entsteht.

Wodurch: Die leitende Instanz hier ist der Rhythmus (II.9).

Ritual leise: Horch, das Reh lauscht – s. o. Runde sechs

Wir stellen uns ein horchendes Reh vor und genießen das.

Ritual leise: Bewegungs-TÖRN 1 – 21

Wo: im Wachmach
Womit: eigene Hände u. Arme, M10 TÖRN
Wofür: „sich verständigen" – „sich mit sprachlicher Vielfalt auseinandersetzen" – „erzählen" – „sprachliche Vielfalt gezielt nutzen" – „erklären" Begriffsbildung – Denken in Sprache – Wortschatz – Imagination – Erzähl-/Schreibstrategie – Satzbau

Wir wiederholen Dreh eins bis sieben /„Strömungen". Du benennst die Bewegungen und umschreibst sie mithilfe von Synonymen und Beispielen. Die Schüler:innen murmeln die Namen der Drehs mit. Das hilft, um sie sich einzuprägen (s. oben):

- Dreh eins bis sieben / „Strömungen
- Dreh acht bis 14 / „Richtungen"
- Dreh 15 bis 21 / „Tastungen"

Stoff: Im Park von Joachim Ringelnatz

Wo: in der Kreiskartoffel
Womit: Vortragsblatt M3
Wofür: Konzentration – Wortschatz – kulturelle Teilhabe – „Texte verstehen" – „Verstehen und Nicht-Verstehen zum Ausdruck bringen" – „kritisch reflektieren" – „Wertungen zu Texten formulieren und begründen" – „sich mit anderen zu Textwertungen austauschen" – „sich mit sprachlicher Vielfalt auseinandersetzen" – „aufmerksames Zuhören"

IDEE AUF EINS

Durch dosiertes, aber ritualisiertes Vorlesen, Zuhören und Reflektieren eine grundlegende Sprach-, Fühl- und Denkfreude entfalten. Gedichte in ihrer umfassenden Wirkung auf Geist und Seele selbstverständlich und individuell nahrhaft machen.

VORBEREITUNG

Mach es dir angenehm. Such dir einen guten Ort, an dem du das Gedicht als Ganzes und mit allen Sinnen geistig-seelisch in dich aufnehmen willst. Dann sprich dir das Gedicht, mal murmelnd, mal rezitierend zu deinem eigenen Kunstgenuss selber vor.

Im Park (Joachim Ringelnatz)

Ein ganz kleines Reh stand am ganz kleinen Baum
Still und verklärt wie im Traum.
Das war des Nachts elf Uhr zwei.
Und dann kam ich um vier

Morgens wieder vorbei,
Und da träumte noch immer das Tier.
Nun schlich ich mich leise – ich atmete kaum –
Gegen den Wind an den Baum,
Und gab dem Reh einen ganz kleinen Stips.
Und da war es aus Gips.

(In: Paul, Clara. (Hrsg.) (2019): Gedichte, die glücklich machen Berlin: Insel, S. 163)

ABLAUF

Du liest das Gedicht mehr als ein ein Mal vor. Erst wenn du signalisierst, dass dein Vortrag zu Ende ist, beginnen wir das Gespräch. Wichtig ist: Es geht um die persönliche Begegnung, es geht hier ausdrücklich nicht um stimmige Interpretation oder Analyse. Ihr habt die Uhr gestellt. Mehr als vier Minuten muss die Begegnung nicht dauern.

ICH, DU, ER, SIE, IHR, WIR ALLE

Weil „Im Park" nicht allen gleich viel erzählen kann: Haltet dennoch zusammen das Interesse für Poesie aufrecht. Du kannst durch deine eigene Haltung gegenüber dem Gedicht, indem du Euphorie, aber auch einmal persönliche Distanz äußerst, die individuelle Geschmacksbildung fördern. Ein Gedicht spannend oder uninteressant zu finden, darüber lohnt es sich auszutauschen. Für Gefallen oder Ablehnung gibt es Gründe.

Wodurch: Die leitende Instanz hier ist das Denken (II.12).

Spiel: Wörtliche Beschleunigung

Wo: am Austauschtisch + an der Spiellinie
Womit: Wettkämpfchenchronik M4
Wofür: „sich verständigen" – sprachliche Strukturen gezielt nutzen – „erzählen" – „informieren" – „diskutieren" – „erklären" – Spaß – „Präsentation"

IDEE AUF EINS

Ein Sprechgedicht aus acht Worten mit absteigender Silbenzahl entsteht – die Sprache beschleunigt.

VORBEREITUNG

Tragt an der Tafel in einer Tabelle ein- bis achtsilbige Wörter zusammen.

ABLAUF

Jeder Tisch in beiden Teams („Flur", „Fenster") bekommt ein Teilstück der Rakete zu bauen. Tipp: Drei Raketen parallel konstruieren. – Die Tandems tragen bei Clara (Schriftführerin „Flur") bzw. Maximilian (Schriftführer „Fenster") ihre Teilstücke ein. – Testlauf: Welche der Raketen flutscht am besten? – Feierliche Raketenstarts vor der anderen Gruppe.

Maximilian: „Geräteschuppengeräte!" – Erik: „Küchenfenstergardine!" – Christopher: „Fußbodengekrümel!" – Jalte: „Dachbodensachen!" – Metehan: „Viele Dinge!" – Mette: „Dies und das!" – Laura: „Etwas!" – Marko: „Nix!"

Wodurch: Die leitende Instanz hier ist das Ohr (II.4).

Spiel: Pronomen

Wo: an der Spiellinie
Womit: Wettkämpfchenchronik M4
Wofür: „sich mit sprachlichen Strukturen auseinandersetzen" – „sprachliche Strukturen gezielt nutzen" – „Präsentation" – „individuelle Fehleraufmerksamkeit" – Pronomen

IDEE AUF EINS

Ein Wettkampfspiel um Schnelligkeit und korrekte Zuordnung von Pronomen zu ihren Verweisnomen. Wer zu lange zögert oder einen Fehler macht („Kalender" –„meine"), beschert dem anderen Team einen Pluspunkt.

VORBEREITUNG

Beide Teams stehen und sitzen einander gegenüber.

ABLAUF

Erste Runde Personalpronomen. Wer zuerst ruft, ist dran.

Laura (Fenster): „Specht!" – Carlota (Flur): „er! – Flugzeug!" – Erik (Fenster): „es! – Eule!" – Samir (Flur): „sie – Netflix!" – Nurit (Fenster): „es! – Ball!" – Roxanne (Flur): „er! – Kiesel!" ...

Zweite Runde Possessivpronomen. „Flur" beginnt:

Raquel (Flur): „Dackel!" – Nurit (Fenster): „mein!" – „Puppe!" – Roxannne (Flur): „deine!" ...

Die dritte Runde folgt mit Demonstrativpronomen.

DIFFERENZIERUNG

SO ODER SO:
- Wortschatz: Wenn die Wörter fehlen, bekommt jede Gruppe ein Wörterbuch. Mette und Samir sind in ihren Wettkampfgruppen jeweils die Wortschatzherolde. Hakt es in der eigenen Gruppe, springt Mette bei und ruft ein Wort, das sie im Wörterbuch gefunden hat.
- Der Reihe nach: Anstatt auf Schnelligkeit zu spielen, stellen sich die Gruppen deutlich einzeln nebeneinander auf. Jetzt kommt jede:r dran.
- DaZ: Wenn Carlota das Wortgeschlecht von „Kiesel" nicht kennt, hebt sie die Hand. Jetzt können ihr Sophia, Helge, Gibran usw. beispringen. Es ist erlaubt, ihr ein „der, die oder das" zuzurufen.

Wodurch: Der Leitgedanke ist: „Wir geben und nehmen uns hin" (III.12).

Übung: Wortschatz-TÖRN 22 – 28

Wo: am Austauschtisch
Womit: eigene Hände
Wofür: „sich verständigen" – „sich mit sprachlicher Vielfalt auseinandersetzen" – „erzählen" – „sprachliche Vielfalt gezielt nutzen" – „erklären" – Begriffsbildung – Denken in Sprache – Wortschatz – Imagination – Erzähl-/Schreibstrategie – Satzbau

VORBEREITUNG

Die vierte Siebenerreihe im TÖRN-Spiel nenne ich die „Griffe“. Bitte, mach es dir in deinem Sessel bequem und geh mit mir die Bewegungen einzeln durch. Wir waren da stehen geblieben, dass Hü und Hoi sich gegenseitig „schüttelten“ (Dreh 21). Nun „entwischen“ sie sich, sie „fliehen“, „flüchten“ voreinander (Dreh 22). Es folgt das „Pirschen“. Sagen wir einmal, Hoi „lauert“ Hü auf (Dreh 23). Danach „treibt“ Hoi Hü vor sich her (Dreh 24) Es gelingt Hoi, Hü einzuholen (= Wiederkehr Dreh 14): Und nun? Nun „packt“ Hoi, die rechte Hand, die linke Hand Hü (Dreh 25). Wie bleibt Hü nun in Hois Gewalt? Indem sich Hoi über Hü drüber „stülpt“, die gefangene Hü gleichsam „schluckt“, sie „verschlingt“ (26. Dreh). Aber Hü „wehrt“ sich, Hü „muckt“, „bäumt sich auf“ (Dreh 27) und „zerbricht“ (Dreh 28) die Hülle, die Hoi um Hü gebildet hat bzw. sie „bricht aus“ der Hülle aus. Beide Hände sind jetzt wieder Einheiten für sich.

ABLAUF

Du stehst vor der Klasse, bewegst die Hände und kommentierst die Drehs wie bereits in den vergangenen Runden.

Wodurch: Die leitende Instanz hier ist die Fantasie (II.5).

Text: Die langweiligste Geschichte aller Zeiten

Wo: bei sich selbst + in der Kreiskartoffel
Womit: Notizhefte SCHNELL und SCHÖN
Wofür: Erzählkompetenz – Textkohäsion – Weltaneignung – Spaß – Erfolgserlebnis – Irritation – Performance – Komik – „flüssig formulieren“ – Selbstwirksamkeit

IDEE AUF EINS

Das Spiel aus Runde sechs wieder aufgreifen. Aus spontanen Einfällen zu vermeintlich bedeutungslosen Alltagsszenen kurze, sehr kurze – subversiv längliche literarische Späße produzieren.

VORBEREITUNG

Du erinnerst die Klasse an das Spiel „Die langweiligste Geschichte aller Zeiten“. Alle nehmen zunächst das Notizheft SCHNELL und erinnern sich, was sie in Runde sechs hervorgesprudelt haben.

ABLAUF

Metehan hat sich erinnert und zu Papier gebracht:

Metehan: „Es war einmal eine Coladose. Die war im Kühlschrank. Ende.“

Daraus lässt sich was machen. Du bittest seinen Nebensitzer Marko darum, Metehan zu fragen: Wo genau liegt die Coladose im Kühlschrank? Wie sieht sie aus? Ist sie bereits geöffnet oder nicht? Die zweite Version lautet z. B.:

Metehan: „Es war einmal eine Coladose. Die sah aus wie alle Coladosen. Sie stand im Kühlschrank unten rechts über dem Gemüsefach. Und hat gewartet, dass sie jemand trinken möchte. Aber alle waren im Urlaub. Ihr war richtig langweilig. ENDE.“

Im Plenum erörtert ihr, wie weit man eigentlich gehen darf bei der (vermeintlichen) Langeweile. Die pfiffigen Kräfte in der Klasse geben die Richtung vor. Auch Metehan und Marko sollen sich gegenseitig ermuntern, „so richtig langweilig“ zu werden. Die dritte Version steht bei Metehan im SCHÖN-Heft:

Metehan: „Es war einmal eine Coladose in der Türkei. Es war also eine türkische Coladose. Du glaubst mir vielleicht nicht, aber ich weiß das. Die sah aus wie alle Coladosen. Sie war rot links herum. Rot rechts herum. Und an einer Stelle hat sich das Rot von links und von rechts getroffen. Sie stand im Kühlschrank unten rechts über dem Gemüsefach. Von Montag bis Sonntag. Und sie hat gewartet, dass sie jemand trinken möchte. Aber alle waren im Urlaub. Ihr war richtig langweilig. Und sie bekam nicht einmal Geld dafür. Wenn du sie siehst, dann sag ihr einen schönen Gruß von mir. Und hier kommt jetzt das ENDE.“

ICH, DU, ER, SIE, IHR, WIR ALLE

- einbinden: Alle biographischen Erfahrungen können hier helfen, ins Schreiben zu geraten. Die alltäglichsten persönlichen Erinnerungen sind wertvolles Material.
- einbetten: Wenn Marko als euer Inklusionskönig nicht schreiben kann, darf er seine „noch langweiligere Version“ auch auf die Audio-App deines Mobiltelefons sprechen. Markos Schreibpatin Laura – sie schreibt einfach gern und schnell – bringt Markos Geschichte dann „noch so eben“ zu Papier.
- Von allein: Wir lassen die Geschichte über Nacht oder für ein paar Tage liegen. Wenn wir sie dann wiederlesen, kann es gut sein, dass uns noch ein nachträglicher „Langeweileschlenker“ einfällt.

TIPP: Lasst in den Texten erst einmal nichts passieren, was irgendwelche Folgen nach sich zieht. Wenn etwas passieren soll, dann lasse das Problem auftauchen – und bald auch schon wieder in nichts verpuffen. Findet selbst alles, was ihr erzählt, sehr, sehr interessant.

Wodurch: Der Schlüssel zu dieser Übung heißt: „Wir nehmen das Selbstverständliche als Sensation“ (III.1).

8. Runde acht – „Wir schon wieder!“

Laut: „Blabb!“ mit „F“ und „Pf“ – s. o. Runde eins

Wir machen vollmundige, gut gelaunte „Einzelwortmusik“. Nebenbei vergleichen wir ausgesuchte Lautklänge mit ihren Schriftbildern.

1. „Fisch“ – 2. „Pfiff“ – 3. „fluffig“ – 4. „hüpfen“ – 5. „Gugelhupf“ – 6. „Falafel“ – 7. „Schaf“ – 8. „Schlaf“ – 9. „süffeln“ – 10. „schnüffeln“ – 11. „Piffpaff!“ – 12. „Wipfel“

TIPP: Wer den Gugelhupf als Kuchen nicht kennt, kann dennoch am Wort „Gugelhupf" seinen verkostenden Spaß haben. Wer sagt, dass Lernen immer über die Großhirnrinde geschieht, dass sprachverarmt aufwachsende Kinder wie Erik oder Carlota nicht durch rätselhafte Exemplare aus dem Wörterreich einen ersten Geschmack bekommen, sich dem lebendigen Wortschatz weiter öffnen?

Ritual laut: Sprechen und machen – s. o. Runde eins

Wir erkunden den Körper. Welche Wörter kann ich mithilfe meiner Arme, Beine, Hände usw. aufrufen und verkörpern?

Ritual laut: WörterBilderHoppla – s. o. Runde eins

Wir gebären bildkräftige Wörter mithilfe eines Balls.

Ritual leise: Horch, das Reh lauscht – s. o. Runde sechs

Wir stellen uns ein horchendes Reh vor und genießen das.

Ritual leise: Bewegungs-TÖRN 1 – 28

Wo: im Wachmach
Womit: eigene Hände u. Arme, M10 TÖRN
Wofür: „sich verständigen" – „sich mit sprachlicher Vielfalt auseinandersetzen" – „erzählen" – „sprachliche Vielfalt gezielt nutzen" – „erklären" – Begriffsbildung – Denken in Sprache – Wortschatz – Imagination – Erzähl-/Schreibstrategie – Satzbau – Freude an der Bewegung

Wir wiederholen

- Dreh eins bis sieben /„Strömungen"
- Dreh acht bis 14 / „Richtungen"
- Dreh 15 bis 21 / „Tastungen"
- Dreh 22 bis 28 / „Griffe"

Stoff: Schimpfonade von Hans Adolf Halbey

Wo: in der Kreiskartoffel
Womit: Vortragsblatt M3
Wofür: Konzentration – Wortschatz – kulturelle Teilhabe – „Texte verstehen" – „Verstehen und Nicht-Verstehen zum Ausdruck bringen" – „kritisch reflektieren" – „Wertungen zu Texten formulieren und begründen" – „sich mit anderen zu Textwertungen austauschen" – „sich verständigen" – „sich mit sprachlicher Vielfalt auseinandersetzen" – „aufmerksames Zuhören"

IDEE AUF EINS

Durch dosiertes, aber ritualisiertes Vorlesen, Zuhören und Reflektieren eine grundlegende Sprach-, Fühl- und Denkfreude entfalten. Gedichte in ihrer umfassenden Wirkung auf Geist und Seele selbstverständlich und individuell nahrhaft machen.

VORBEREITUNG

Mach es dir angenehm. Such dir einen guten Ort, an dem du das Gedicht als Ganzes und mit allen Sinnen geistig-seelisch in dich aufnehmen willst. Und dann sprich dir das Gedicht, mal murmelnd, mal rezitierend zu deinem eigenen Kunstgenuss selber vor:

Schimpfonade (Hans Adolf Halbey)

Du sechsmal ums Salzfass gewickelter Heringsschwanz!
Du viermal im Mehlpott gepökelter Krengeldanz!
Kropfbeißer, Kratzknacker, du hinkende Maus!
Sumpfdotter, Putzklopper, du zwickende Laus!
'ne Heulbeule biste, verdrück dich mit Soße!
Und ich geb dir Quark mit Musik auf die Hose!
Du Giftwanstfresser, ich puste dich weg!
Und ich hol meinen Bruder, der spuckt mit Dreck ...

Ihr Kinder, wir müssen nach Hause gehn!
Och, Mutti, wir spielen doch gerade so schön!

(In: Halbey, Hans Adolf (Hrsg.) (1997): Von wegen – die lieben Kleinen. Zürich: Sanssouci, S. 88)

ABLAUF

Du liest das Gedicht mehr als ein ein Mal vor. Erst wenn du signalisierst, dass dein Vortrag zu Ende ist, beginnen wir das Gespräch. Wichtig ist: Es geht um die persönliche Begegnung, es geht hier ausdrücklich nicht um stimmige Interpretation oder Analyse. Ihr habt die Uhr gestellt. Mehr als vier Minuten muss die Begegnung nicht dauern.

ICH, DU, ER, SIE, IHR, WIR ALLE

Wir sind alle verschieden und vielfältig. Weil ein Angebot kaum für alle gleich viel taugen kann: Haltet dennoch zusammen das Interesse für Poesie aufrecht. Du kannst durch deine eigene Haltung gegenüber dem Gedicht, indem du Euphorie, aber auch einmal persönliche Distanz äußerst, die individuelle Geschmacksbildung fördern. Ein Gedicht spannend oder uninteressant zu finden, darüber lohnt es sich auszutauschen.

Wodurch: Die leitende Instanz hier ist das Denken (II.12).

Spiel: Minischicksal

Wo: am Austauschtisch
Womit: M5 Spielkärtchen
Wofür: Adjektiv – Weltwissen – Menschenkunde – Improvisation – Umgang mit Kontingenz – Spaß – „sich mit sprachlichen Strukturen auseinandersetzen" – „sprachliche Strukturen gezielt nutzen" – „Präsentation"

IDEE AUF EINS

Nach Herzenslust übertreiben, wie der berühmte Baron von Münchhausen, der auf einer Kanonenkugel durch die Lüfte ritt.

VORBEREITUNG

Du kopierst aus dem Downloadbereich M5, eine Sammlung von Kärtchen mit Berufen (weißes Papier) und Kärtchen mit

Charaktereigenschaften (z. B. blaues Papier). Auf den weißen Kärtchen stehen Berufe wie „Angler“ – „Bademeisterin“ – „Clown“ – „Diebin“ – „Edelfräulein“ – „Friseur“ – „Gokartfahrerin“ – „Heißluftballonfahrer“ usw. Du formst aus ihnen einen Stapel, wobei die Berufsnamen nicht zu lesen sein dürfen. Auf den blauen Kärtchen stehen Eigenschaften wie z. B. „argwöhnisch“ – „bittelbettelnd“ – „chaotisch“ – „dreist“ – „etepetete“ – „fies“ – „gut gelaunt“ – „hilfsbereit“ – „jähzornig“ usw. Aus diesen Kärtchen formst du einen zweiten Stapel. Beide Stapel legst du umgedreht auf dein Pult.

ABLAUF

Raquel kommt zu dir, dreht je ein Kärtchen um und bildet mündlich den ersten Satz:

Raquel: „Da war mal eine ... (sie dreht die erste weiße Karte um) ‚Eisverkäuferin‘, die war sooo ... (sie dreht die erste blaue Karte um) ... sooo ‚geschickt‘, dass siiiiie ...“ (Raquel überlegt, während sie das „siiieeee“ in die Länge zieht) „... dass sie siebzehn Eiskugeln auf eine einzige Eiswaffel aufdrücken konnte.“

Sie überlegt sich noch einen abschließenden Satz zum weiteren Lebensverlauf ihrer Heldin. Wie wird sich deren Leben wohl weiterentwickeln?

Raquel: „Schließlich wurde sie so berühmt, dass sie eine eigene Fernsehsendung bekam.“

Jetzt gehst du durch die Reihen. Jeder Tandemtisch nimmt sich ein Paar Kärtchen.

Natalya: „Da war mal ein ... (weiße Karte) ... ‚Akrobat‘, der war sooo derartig“ ... (blaue Karte) „... ‚verplaudert‘, dass er ... mit dem Publikum plauderte, anstatt Kunststücke vorzuführen. Schließlich wurde er vom Zirkusdirektor als Akrobat entlassen und als Moderator neu eingestellt.“

Wer Lust hat, steht auf und improvisiert seine Geschichte. Wichtig: Die weißen und blauen Karten aufbewahren für den Textteil der Runde (s. u.).

VARIANTE: Ihr könnt das Spiel anstelle von Berufen auch mit Tieren spielen: „Da war mal ein Biber, der war so brav, dass er jeden Baum um Erlaubnis fragte, bevor er ihm den Stamm durchnagte.“

Wodurch: Leitende Instanz ist das Spiel, hier das Spiel mit dem Zufall (II.1).

Spiel: Kalt, kälter, am kältesten

Wo: an der Spiellinie
Womit: Wettkämpfchenchronik M4
Wofür: „sich mit sprachlichen Strukturen auseinandersetzen“ – „sprachliche Strukturen gezielt nutzen“ – „erzählen“ – „erklären“ – „Präsentation“ – Steigerung – Adjektiv

IDEE AUF EINS

Ein Gruppenwettkampf, in den wir uns anhand des Themas Steigerung von Adjektiven immer mehr hineinsteigern.

VORBEREITUNG

Die Wettkampfgruppen „Flur“ und „Fenster“ stehen, hocken oder sitzen sich menschweise zum Schlagabtausch gegenüber. Eine Audio-App nimmt die Spielrunden für die Punktevergabe auf. Das hat den Vorteil, dass die beiden Schiedsrichterinnen Giulia und Dragica etwaige Beschwerden bei der Punktevergabe entkräften oder akzeptieren können.

ABLAUF

In der Vorrunde rufen wir einfach Adjektive im Ping-Pong-Modus hin und her:

Helge (Flur): „Es war soo ...“ – Giulia (Fenster): „... kalt. Sie war so ...“ – Toni (Flur): „... gemein. Wir sind so ...“ – Dragica (Fenster): „... toll. Kuchen ist so ...“ – Nikita (Flur): ... lecker.“ Usw.

Hauptrunde: Im zweimaligen Hin und Her, in vier Etappen bilden „Flur“ und „Fenster“ zusammen einen Aussagesatz, in dem das Adjektiv mit seinen zwei Steigerungsformen zentral vorkommt.

Nurit (Fenster): „Draußen war es soo ...“ – Roxanne (Flur): „... kalt. Aber noch kälter war es ...“ – Valentina (Fenster): „... im Kühlschrank. Aber am kältesten war es ...“ – Gibran (Flur): „... in der Höhle im Wald.“

DIFFERENZIERUNG

SO ODER SO:
- Gruppendynamik: Beide Wettkampfgruppen kümmern sich in einem ausgewogenen Wettkampfgeist um ihren Sieg. Das heißt: Wer steht wem bei der nächsten Wettkampfrunde gegenüber? Das kann in der Gruppe intern entschieden werden. Es ist nur förderlich, wenn der spielerische Eifer die Gruppen packt. Wie alles sollte es maßvoll bleiben.
- Variante für die Gruppenaufstellung: Ein Ball kann hin und her zwischen den beiden Gruppen geworfen werden. Wer ihn fängt, ist jeweils dran. Aber Vorsicht: Wird der Ball zweckentfremdet, gibt es sogleich einen Punkt „für die andern“.
- Variante 2: Du als Schiedsrichter:in lässt für 20 Sekunden (Zeit stoppen) die Gruppenmitglieder umhergehen, Plätze wechseln. Dann rufst du: „Stop!“ Alle müssen sich dort aufstellen, wo sie gerade sind.

Wodurch: Das Spiel lebt vom Vertrauen in das Geschehen (III.7).

Übung: TÖRN Satzauflauf 22 – 28 & Was, Wodurch

Wo: am Austauschtisch
Womit: eigene Hände
Wofür: „sich verständigen“ – „sich mit sprachlicher Vielfalt auseinandersetzen“ – „erzählen“ – „sprachliche Vielfalt gezielt nutzen“ – „erklären“ – Begriffsbildung – Denken in Sprache – Wortschatz – Imagination – Erzähl-/Schreibstrategie – Satzbau

IDEE AUF EINS

Die Klasse tauscht sich tischweise über die bisher verhandelten Bewegungen aus. Anhand der Fragen „Was“ und „Wodurch“ entstehen immer mehr vollmundige Formulierungen darüber, was diese vierzehn Bewegungen bedeuten, wofür sie stehen könnten.

VORBEREITUNG

Du schreibst für die Tandems, bevor diese „törnen gehen“, noch diese Fragen als Erzählfunken an die Tafel:

Was- & Wodurch-Brimborium
Was: Was alles? Was genau? Was noch? Was außerdem? Als was war? Während was war? Bevor was geschah? Ohne was? Was ist es wert? / Wodurch? Womit? Womit noch? Womit alles?

ABLAUF

Tisch für Tisch wiederholen Gibran und Danylo, Clara und Sophia, Elias und Jalte usw. die zuletzt hinzugekommenen sieben „Griffe“. Es geht nicht darum, etwas richtig zu machen. Giulia und Dragica erkunden einfach weiter ihre Hände und probieren aus, wie sie etwa das „Treiben“ in einer Geschichte unterbringen können. Wie sagt Giulia zu dem, was ihre linke Hand gerade tut, anstelle von „pirschen“? Vielleicht „hinterher gehen“? Aber weil es heimlich geschieht, „schleicht“ die Hand wohl eher, als dass sie „geht“. Was könnte der Dreh „erreichen“, verbunden mit der Frage „was“ oder „warum“ für eine Szene ergeben? Etwa dass die rechte Hand gerade noch „wo hinkommt“, wo gerade etwas losgehen soll. Wenn Raquel und Roxanne eh nebeneinander sitzen, kann Raquel locker auch Roxannes Hand „fangen“ oder „packen“, und umgekehrt. Und wenn es lauter wird, wenn Raquels rechte Hand Roxannes linke Hand „schluckt/verschlingt“, wenn diese „sich wehrt“ und das Gefängnis in Form von Raquels Hand „aufbricht“, ist das ein Zeichen dafür, dass TÖRN die beiden Mädchen ergriffen hat und die Sprache anfängt, sich auszubreiten. Solange sie nur die Abmachung befolgen und kommentieren, was ihre Hände tun.

Wodurch: Leitende Instanz hier ist die Fantasie (II.5).

Text: Minischicksal

> **Wo:** bei sich selbst
> **Womit:** Notizheft, Textheft
> **Wofür:** „gedanklich geordnet formulieren“ – „Umgang mit Texten zur gesellschaftlichen Teilhabe nutzen“ – „ Feedback zu Texten anderer formulieren“ – „flüssig formulieren“ – „Texte überarbeiten“ – „kritisch reflektieren“ – „sich mit anderen zu Textwertungen austauschen“ – „sich mit Texten auseinandersetzen“ – „orthographisch schreiben“

IDEE AUF EINS

Die vom mündlichen Spiel „Minischicksal“ her bekannten Geschichten verschriftlichen, s. o. Runde acht.

VORBEREITUNG

Die weißen und blauen Karten aus der Rundenphase „Spiel“ nochmals mischen und neu austeilen.

ABLAUF

Jede:r nimmt sich das Notiz- und das Textheft und erfindet für sich allein ein weiteres Minischicksal.

Yaron: „Da war mal ein ... (weiße Karte) ... ‚Kellner‘, der war so ... (blaue Karte) ... ‚eifrig‘, dass er den Gästen im Restaurant, wo er arbeitete, beim Abräumen die benutzten Teller sauber schleckte. Schließlich bekam er von seinem Chef doppelten Lohn: als Kellner und als lebende Geschirrspülmaschine.“

Wodurch: Leitende Instanz ist die Fantasie (II.5). Je mehr Texte Dragica und Sophia, Carlota und Toni sich freischreibend produzieren, desto eher kannst du auf der Zielgeraden in Runde 17 ff. auf ihre Motivation bauen, an ihren Texten zu feilen.

9. Runde neun – „Kommt!“

Laut: „Blabb!“ mit „G“, „H“, „K“ / „ck“ – s. o. Runde eins
Wir machen vollmundige, gut gelaunte „Einzelwortmusik“. Nebenbei vergleichen wir ausgesuchte Lautklänge mit ihren Schriftbildern.

1. „Hügel“ – 2. „googeln“ – 3. „gaga“ – 4. „höher“ – 5. „jäh“ – 6. „wehen“ – 7. „Hihi!“ – 8. „Dreck“ – 9. „Fleck“ – 10. „Hacke“ – 11. „Kakadu“ – 12. „Kraft“

Laut: Sprechen und machen – s. o. Runde eins
Wir erkunden den Körper. Welche Wörter und Taten kann ich mithilfe meiner Arme, Beine, Hände usw. aufrufen und verkörpern?

Ritual laut: Wörtertanz: „München“ – s. o. Runde sechs
Wir treiben schallend Wortbildung von Kopf bis Fuß.

Ritual leise: Horch, das Reh lauscht – s. o. Runde sechs
Wir imaginieren ein lauschendes Reh und genießen das.

Ritual leise: Bewegungs-TÖRN 1 – 28

> **Wo:** im Wachmach
> **Womit:** eigene Hände u. Arme
> **Wofür:** „sich verständigen“ – „sich mit sprachlicher Vielfalt auseinandersetzen“ – „erzählen“ – „sprachliche Vielfalt gezielt nutzen“ – „erklären“ – Begriffsbildung – Denken in Sprache – Wortschatz – Imagination – Erzähl-/Schreibstrategie – Satzbau

Wir wiederholen

- Dreh eins bis sieben /„Strömungen“
- Dreh acht bis 14 / „Richtungen“
- Dreh 15 bis 21 / „Tastungen“
- Dreh 22 bis 28 / „Griffe“

Stoff: Ich bin der reichste Mann der Welt! von Arno Holz

Wo: in der Sitzkreiskartoffel
Womit: Vortragsblatt M3
Wofür: Konzentration – Wortschatz – kulturelle Teilhabe – „Texte verstehen" – „Verstehen und Nicht-Verstehen zum Ausdruck bringen" – „kritisch reflektieren" – „Wertungen zu Texten formulieren und begründen" – „sich mit anderen zu Textwertungen austauschen" – „sich mit sprachlicher Vielfalt auseinandersetzen" – „aufmerksames Zuhören"

IDEE AUF EINS

Durch dosiertes, aber ritualisiertes Vorlesen, Zuhören und Reflektieren eine grundlegende Sprach-, Fühl- und Denkfreude entfalten. Gedichte in ihrer umfassenden Wirkung auf Geist und Seele selbstverständlich und individuell nahrhaft machen.

VORBEREITUNG

Mach es dir angenehm. Such dir einen guten Ort, an dem du das Gedicht als Ganzes und mit allen Sinnen geistig-seelisch in dich aufnehmen willst. Und dann sprich dir das Gedicht, mal murmelnd, mal rezitierend zu deinem eigenen Kunstgenuss vor:

Ich bin der reichste Mann der Welt! (Arno Holz)
Meine silbernen Yachten
schwimmen auf allen Meeren.

Goldne Villen glitzern durch meine Wälder in Japan,
in himmelhohen Alpenseen spiegeln sich meine Schlösser,
auf tausend Inseln hängen meine purpurnen Gärten.

Ich beachte sie kaum.

An ihren aus Bronze gewundenen Schlangengittern
geh ich vorbei,
über meine Diamantgruben
lass ich die Lämmer grasen.

Die Sonne scheint,
ein Vogel singt,
ich bücke mich
und pflücke eine kleine Wiesenblume.

Und plötzlich weiß ich: Ich bin der ärmste Bettler!

Ein Nichts ist meine ganze Herrlichkeit
vor diesem Tautropfen,
der in der Sonne funkelt.

(In: Sander, Gabriele (Hrsg.) (2012): Gold & Silber. Stuttgart: Reclam, S. 128)

ABLAUF

Du liest das Gedicht mehr als ein ein Mal vor. Erst wenn du signalisierst, dass dein Vortrag zu Ende ist, beginnen wir das Gespräch. Wichtig ist: Es geht um die persönliche Begegnung, es geht hier ausdrücklich nicht um stimmige Interpretation oder Analyse. Ihr habt die Uhr gestellt. Mehr als vier Minuten muss die Begegnung nicht dauern.

ICH, DU, ER, SIE, IHR, WIR ALLE

Weil der Stil von Arno Holz nicht für alle gleich viel taugen kann: Haltet dennoch zusammen das Interesse für Poesie aufrecht. Ein Gedicht spannend oder uninteressant zu finden, darüber lohnt es sich auszutauschen. Für Gefallen oder Befremden gibt es Gründe.

- trennen + lösen: Wie jedes Gedicht kannst du auch dieses Jugendstilgedicht von Arno Holz in eigene Worte umgießen, wenn Marko und andere gar nicht folgen können. Erst wenn klar wird: Die einen verstehen den Text. Die anderen können ihn für sich nicht knacken. Wenn es andere sprachliche Wendungen braucht, um den Gedanken des Gedichts zu überbringen, kannst du Worte finden, unter den erwartungsvollen Augen derer, die dich gern verstehen wollen, die lediglich die Worte anders gewählt bekommen müssen. Du kannst sagen: „Meine silbernen Yachten / schwimmen auf allen Meeren" = …

Wodurch: Leitende Instanz hier ist das Denken (II.12).

Spiel: Ordinal und Kardinal oder „te" und „ste"

Wo: im Teamrat + an der Spiellinie
Womit: Wettkämpfchenchronik M4
Wofür: „sich mit sprachlichen Strukturen auseinandersetzen" – „sprachliche Strukturen gezielt nutzen" – „erzählen" – „erklären" – „Präsentation" – Steigerung – Numerale

IDEE AUF EINS

Je länger eine Zahl ist, desto kniffliger ist auch ihre Version als Ordnungszahl. Beide Gruppen versuchen, die jeweils andere durch schwierige Zahlenangebote zu Fehlern zu verleiten. Beispiel:

Clara: „Vierhunderttausendundvierundzwanzig, Karotte!" – Metehan: „Die vierhunderttausendundvierundzwanzigste Karotte!"

VORBEREITUNG

Intern beraten sich beide Teams, wer von den eigenen Leuten gegen wen aus der anderen Gruppe antreten soll. Dann stellen, hocken oder setzen sich der „1. SC Flur" und die „Spv Fenster" einander gegenüber. Valentina hat Helge, Nurit hat Toni als Duellgegner vor sich usw.

ABLAUF

Im Wechsel und der Reihe nach „duellieren" sich die jeweiligen Vertreter:innen beider Teams. Danylo tritt heute gegen Mariam an. Mariam muss Danylos Zahl zu einer Ordnungszahl umformulieren – ohne sich die Zahl vorher aufzuschreiben. „Patzt" sie, indem sie sich verhaspelt, bekommt die Gruppe Flur einen Punkt.

ICH, DU, ER, SIE, IHR, WIR ALLE

- Wenig Zeit: Die Gruppe Flur gibt nur die Zahlen aus. Die Gruppe Fenster antwortet lediglich mit Ordnungszahlen darauf (halbiertes Pensum).

Wodurch: Leitende Instanz hier ist das Ohr (II.4).

Spiel: Wie kam ich von „Birne" zu „Stirne"?

Wo: am Austauschtisch
Womit: Notizheft
Wofür: „sprachliche Mittel sammeln" – „Wortschatz" – „sich mit sprachlichen Strukturen auseinandersetzen" – „Schreiben" – Spaß – Rhythmus – Reim – Metrum – Wortwahl – Silbe – Sprachgenauigkeit

IDEE AUF EINS

Im Geheimen bildet jede:r einen Zweizeiler mit Reimen. Eine Gruppe muss raten, welche Worte exakt die/der jeweilige Mitschüler:in für ihre/seine Verse gewählt hat.

VORBEREITUNG

Wir gehen in Doppeltandems zusammen. Alle vier Teilnehmenden schreiben still einen Zweizeiler samt Paarreim in ihr Notizheft.

Laura (schreibt in ihr Notizheft): „Ich esse eine Birne. Sie fiel mir vorhin auf die Stirne." – Mette (schreibt in ihr Notizheft): „Wir sitzen alle am Tisch. Denn heute gibt es Fisch." – Clara (schreibt in ihr Notizheft): „Da hinter diesem Berg, da wohnt ein alter Zwerg."

ABLAUF

Clara fragt die anderen drei:

Clara: „So, Laura. Wie kam ich vom Zwerg zum Berg?" – Laura: „Es wohnt ein alter Zwerg / da hinter diesem Berg." – Clara: „Nein, falsch. – Mette?" – Mette: „Da steht ein alter, böser Zwerg / hoch droben auf dem dunklen Berg." – Clara: „Leider nein. Soll ich sagen?" – Die andern: „Ja!" – Clara: „Ich bin ein alter Wächterzwerg / und wohne tief im dunklen Berg." Mette: „Aber dunkler Berg, das hab ich rausgekriegt: Ich bin toll!" – Clara, Laura, Sophie (gemäß der Klassenabsprache „Wir loben uns regelmäßig"): „Das stimmt."

ICH, DU, ER, SIE, IHR, WIR ALLE

Nikita hängt ein bisschen durch. Wirf ihm den „Du bist toll"-Ball zu. Falls er fragen sollte, weshalb, sag ihm einfach: „Weil du dabei bleibst, kein Spielverderber bist" oder ein anderes Kompliment.

Übung: Wortschatz-TÖRN, Dreh 29 – 35

Wo: am Austauschtisch
Womit: eigene Hände
Wofür: „sich verständigen" – „sich mit sprachlicher Vielfalt auseinandersetzen" – „erzählen" – „sprachliche Vielfalt gezielt nutzen" – „erklären" – Begriffsbildung – Denken in Sprache – Wortschatz – Imagination – Erzähl-/Schreibstrategie – Satzbau

IDEE AUF EINS

Wir drehen und wenden unsere Hände und erweitern so unseren aktiven Wortschatz.

VORBEREITUNG

Sitzt du bequem in deinem Sessel? Deine Hände haben sich wieder getrennt. Du vermengst sie im Folgenden, darum habe ich die fünfte Siebenerreihe „Mengungen" genannt. Zunächst „sonderst" du Hü und Hoi bewusst voneinander (Dreh 29). Dann lässt du eine von beiden Händen „wachsen" wie eine junge Pflanze (Dreh 30). Angenommen, Hü, deine linke Hand darf in die Höhe oder zur Seite wachsen: Nun „zieht" Hoi, die andere Hand (Dreh 31), an dieser „Pflanze". Im Umkreis haben sich weitere neue „Pflänzchen" gebildet. Die rechte Hand „sammelt" diese (Dreh 32) und „füllt" sie (Dreh 33) in die linke, die sich dazu zu einer Schale formt. Nun durch„mischt" Hoi diese Füllmenge im Schälchen, das die andere Hand bildet (Dreh 34). Die gefüllte Menge in Hü wird zum Ende der Reihe von Hois Handfläche noch „gedeckelt" (Dreh 35).

ABLAUF

Du stehst vor der Klasse und zeigst die sieben Handlungen der Hände. Ihr besprecht jede einzelne Bewegung mit ein paar Sätzen. Jede Rückfrage bringt die Sprache noch besser ins Rollen. Du formulierst für jede Drehung einen Satz wie, z. B.: „Ich sondere meine Hände voneinander ab, ich trenne sie voneinander." Alle machen simultan mit. Du fährst fort: „Jetzt lasse ich meine linke Hand wachsen (ich drehe sie dafür um), wie eine Pflanze, die aus dem Boden sprießt. Mit meiner rechten Hand ziehe ich die Fingerblätter auseinander, und ich „ziehe" die linke Hand an eine Stelle in der Luft, wo ich sie wie eine Schale (schon wieder eine sprachlich vermittelte Vorstellung ...) gebrauchen kann, weil jetzt „sammelt" die rechte Hand in die Schale verschiedene Dinge, sagt euch selber bitte, was das für Dinge sind." Alle können und sollen ausplaudern, was sie „sammeln" wollen. Du machst weiter: „Nun füllen wir alles von der einen in die andere Hand um und mischen alles gut durch. Zum Schluss deckelt Hoi alles gut zu.

Wodurch: Die Aktion lebt von der Leiblichkeit (II.3).

Text: Textkindergarten

Wo: am Austauschtisch
Womit: Notizhefte
Wofür: „Lesefertigkeiten", „orthographisches Schreiben" – „Texte verstehen" – „Verstehen und Nicht-Verstehen zum Ausdruck bringen bzw. produktiv, reflektierend damit umgehen" – „Wertungen zu Texten formulieren und begründen" – „sich mit anderen zu Textwertungen austauschen" – „diskutieren" – „Feedback zu Texten anderer formulieren" – „Texte überarbeiten" – „kritisch reflektieren"

IDEE AUF EINS

Kleine Schreibkonferenz unter dem Motto: „Der Text ist noch klein, er braucht eine Betreuung."

VORBEREITUNG

Wir haben bisher in unseren Notizheften stehen: die gesammelten Superwörter (Runde eins und zwei), das Papierzeitungsgedicht (Runde drei), „Meine versunkene Stadt" (Runde vier), „Die langweiligste Geschichte aller Zeiten" (Runde sechs) und die „Minischicksale" (Runde acht). Je nachdem, wie viel Zeit du dafür aufbringen kannst, könnt ihr darüber diskutieren, welche Kriterien bei den einzelnen Kurztexten angewandt werden sollten, um diese aufführungsreif bzw. „reif für das Heft SCHÖN" weiter auszugestalten.

Wir gehen in Doppeltandems zusammen. Jedes Doppeltandem bildet einen „Textkindergarten" und gibt sich dementsprechend einen Namen.

Christopher: „Wir vier heißen ‚Rasselbande'." – Mariam: „Wir heißen dafür ‚Barbieladen'!"

Diese Vierergruppen gehen nun ihrerseits eine Kooperation mit einem zweiten Doppeltandem ein. Dadurch wird jedes Mitglied im Doppeltandem mit einer Doppelrolle betraut: Jede:r ist sowohl Betreuer:in eines „fremden Textes" als auch Papa bzw. Mama eines eigenen Textes.

Alle holen ihre Notizhefte (SCHNELL) und machen untereinander aus, wer sich mit welcher Farbe („schön bunt, wie früher im Kindergarten") im Text der zugeteilten „Textkindereltern" zu Wort melden darf.

ABLAUF

Das Autorenquartett Christopher, Jalte, Maximilian und Erik berät sich gegenseitig, welcher der Texte aus dem je eigenen Notizheft „rüber in den Textkindergarten" gehen soll. Dieser befindet sich zwei Tische weiter: Das Autorinnenquartett Nurit, Valentina, Mariam und Natalya alias „Barbieladen" wartet darauf, „die Kleinen in Empfang zu nehmen". Christopher gibt Nurit, Jalte gibt Valentina, Maximilian gibt Mariam und Erik gibt Natalya sein Notizheft an die Hand. Die Korrekturen sollen, solange der Respekt für die Werke der anderen gewahrt bleibt, gern alle Züge eines Rollenspiels tragen dürfen. Nurit schaut für drei Minuten (bis die Hotelklingel schellt) aufmerksam in Christophers „Langweiliste Geschichte". Und Textpapa Christopher? Er beugt sich als Betreuer von Nurits Textschützling über deren Reihe von fünf „Minischicksalen". Nach drei Minuten „Betreuungszeit" klingelt es an der Rezeption.

Nun werden die Notizhefte um genau eine:n Mitschüler:in weitergereicht. Dieser Vorgang wiederholt sich drei Mal. Wenn die Klingel zum vierten Mal geklingelt hat, tummeln sich also in jedem Notizheft die Anmerkungen von vier verschiedenen Kommentator:innen. Nun bekommt Christopher aus Natalyas Hand (der vierten Betreuerin seiner „Langeweiligsten Geschichte") sein Notizheft zurück. Und Christopher gibt das Notizheft, das er zuletzt in der Hand hatte, zurück an dessen Mama Natalya. Im Idealfall stehen schließlich bei jedem betreuten Text bunte Anmerkungen im Heft.

Foto 6: Ritual leise: Alle gucken – gucken alle?

Wodurch: Der Schlüssel für den Spielerfolg hier ist: „Wir sprechen miteinander" (III.10).

10. Runde zehn – Kamera läuft – und ... Action!

Laut: „Blabb!" mit „I" und „J"– s. o. Runde eins
Wir machen vollmundige, gut gelaunte „Einzelwortmusik". Nebenbei vergleichen wir ausgesuchte Lautklänge mit ihren Schriftbildern.

1. „Hier!" – 2. „richtig" – 3. „Igel" – 4. „hin" – 5. „Sinn" – 6. „Ibis" – 7. „Himmel" – 8. „Jippieh!" – 9. „Ja!" – 10. „Jaguar" – 11. „Boje" – 12. „Philippinen"

Laut: Sprechen und machen – s. o. Runde eins
Wir erkunden den Körper. Welche Wörter und Taten kann ich mithilfe meiner Arme, Beine, Hände usw. aufrufen und verkörpern?

Ritual laut: Wörtertänze „Köln–Bonn" + „München" – s. o. Runden fünf und sechs
Wir treiben schallend Wortbildung von Kopf bis Fuß.

Ritual leise: Horch, das Reh lauscht – s. o. Runde sechs
Wir stellen uns ein lauschendes Reh vor und genießen das.

Ritual leise: Bewegungs-TÖRN 1 – 35

Wo: im Wachmach
Womit: eigene Hände u. Arme, M10 TÖRN
Wofür: „sich verständigen" – „sich mit sprachlicher Vielfalt auseinandersetzen" – „erzählen" – „sprachliche Vielfalt gezielt nutzen" – „erklären" – Begriffsbildung – Denken in Sprache – Wortschatz – Imagination – Erzähl-/Schreibstrategie – Satzbau

Wir wiederholen:

- Dreh eins bis sieben /„Strömungen“
- Dreh acht bis 14 / „Richtungen“
- Dreh 15 bis 21 / „Tastungen“
- Dreh 22 bis 28 / „Griffe“
- Dreh 29 bis 35 / „Ordnungen“

Stoff: Warum die Zitronen sauer wurden von Heinz Erhardt

Wo: in der Kreiskartoffel
Womit: Vortragsblatt M3
Wofür: Konzentration – Wortschatz – kulturelle Teilhabe – „Texte verstehen“ – „Verstehen und Nicht-Verstehen zum Ausdruck bringen“ – „kritisch reflektieren“ – „Wertungen zu Texten formulieren und begründen“ – „sich mit anderen zu Textwertungen austauschen“ – „sich mit sprachlicher Vielfalt auseinandersetzen“ – „aufmerksames Zuhören“

IDEE AUF EINS

Durch dosiertes, aber ritualisiertes Vorlesen, Zuhören und Reflektieren eine grundlegende Sprach-, Fühl- und Denkfreude entfalten. Gedichte in ihrer umfassenden Wirkung auf Geist und Seele selbstverständlich und individuell nahrhaft machen.

VORBEREITUNG

Mach es dir angenehm. Such dir einen guten Ort, an dem du das Gedicht als Ganzes und mit allen Sinnen geistig-seelisch in dich aufnehmen willst. Und dann sprich dir das Gedicht, mal murmelnd, mal rezitierend zu deinem eigenen Kunstgenuss vor:

Warum die Zitronen sauer wurden (Heinz Erhardt)

Ich muss das wirklich mal betonen:
Ganz früher waren die Zitronen
(ich weiß nur nicht genau mehr, wann dies
gewesen ist) so süß wie Kandis.
Bis sie einst sprachen: „Wir Zitronen,
wir wollen so groß sein wie Melonen!
Auch finden wir das Gelb abscheulich,
wir wollen rot sein oder bläulich!“

Gott hörte oben die Beschwerden
und sagte: „Daraus kann nichts werden!
Ihr müsst so bleiben! Ich bedauer!“
Da wurden die Zitronen sauer ...

(In: Maintz, Christian (Hrsg.) (2018): Vom Knödel wollen wir singen. München: Antje Kunstmann, S. 168)

ABLAUF

Du liest das Gedicht mehr als ein Mal vor. Erst wenn du signalisierst, dass dein Vortrag zu Ende ist, beginnen wir das Gespräch. Wichtig ist: Es geht um die persönliche Begegnung, es geht hier ausdrücklich nicht um stimmige Interpretation oder Analyse. Ihr habt die Uhr gestellt. Mehr als vier Minuten muss die Begegnung nicht dauern.

ICH, DU, ER, SIE, IHR, WIR ALLE

Weil der Humor von Heinz Erhardt nicht allen gleich viel sagen wird – haltet dennoch zusammen das Interesse für Poesie aufrecht. Du kannst durch deine eigene Haltung gegenüber dem Gedicht, indem du Euphorie, aber auch einmal persönliche Distanz zu diesem Gedicht äußerst, die individuelle Geschmacksbildung fördern. Ein Gedicht spannend oder uninteressant zu finden, darüber lohnt es sich auszutauschen. Für Gefallen gibt es Gründe.

Wodurch: Die leitende Instanz hier ist das Denken (II.12).

Spiel: Wie kam ich von „Birne“ zu „Stirne“? – s. o. Runde neun

Spiel: Präpositionen würfeln

Wo: am Austauschtisch
Womit: Würfel
Wofür: „sprachliche / gestalterische Mittel sammeln“ – „sich ausdrücken“ – „sichere Worterkennung“ – „Laut“ – „Buchstabe“ – „Silbe“ – „Alphabet“ – „Kernwörter“ – Wortschatz – „Rechtschreibung“ – Ausdruck – Selbstwirksamkeit

IDEE AUF EINS

Im Spieltandem erwürfeln sich Nikita und Samir korrekte Sätze mit Dativ- und Akkusativanschluss.

VORBEREITUNG

Würfel 1 bekleben wir mit Dativ-Präpositionen: aus, mit, nach, von, zu und bei. Würfel 2 bekleben wir mit Akkusativ-Präpositionen: durch, auf, ohne, gegen, für und hinunter.

ABLAUF

Samir hat seine Würfel mit den Präpositionen beklebt. Nikita steuert seine beiden Würfel bei. Auf ihnen sind Anfangsvokale und Anfangskonsonanten, zu lesen. Gemeinsam lassen sie die Würfel rollen.

Nikita/Würfel 1: „aus“. Samir/Würfel 2: „E“. Samir: „Ein Wurm kriecht aus dem Essen.“

Das mag ein unappetitlicher Satz sein. Das ist aber für die Übung umso geschickter. Nikita und Samir bewahren sich den schönen Satz und schreiben ihn mit Datum und Spielnamen versehen in ihr „Wort-und-Spiel-Heft“. Nach acht Würfen ist das Spiel beendet.

DIFFERENZIERUNG

SO ODER SO:

- wegen + Genitiv & Co.: Die kniffligen und lernintensiven Präpositionalverbindungen können mithilfe dieser einfachen Spielanordnung nach und nach kennengelernt werden. Ulkige Sätze sind ausdrücklich erwünscht.
- Variante: im Plenum mit nur einem Würfelpaar
- Variante: „Flur gegen Fenster“ wie oben an der Spiellinie

Wodurch: Die leitende Instanz hier ist das Denken (II.12).

Übung: TÖRN Satzauflauf 29 – 35 & Wie-Brimborium

Wo: am Austauschtisch
Womit: eigene Hände
Wofür: „sich verständigen“ – „sich mit sprachlicher Vielfalt auseinandersetzen“ – „erzählen“ – „sprachliche Vielfalt gezielt nutzen“ – „erklären“ Begriffsbildung – Denken in Sprache – Wortschatz – Imagination – Erzähl-/Schreibstrategie – Satzbau

IDEE AUF EINS

Die Klasse tauscht sich tischweise über die bisher verhandelten Bewegungen aus. Anhand der weit ausgepannten Frage „Wie“ entstehen immer mehr vollmundige Formulierungen darüber, was diese 35 Bewegungen bedeuten, wofür sie stehen könnten.

VORBEREITUNG

Du schreibst für die Tandems, bevor diese „abdrehen“, noch eine Auswahl von Wie-Fragen an die Tafel:

Das Wie-Brimborium
Wie sinnlich? Wie sichtbar? Wie hörbar? Wie fühlbar? Wie erweiterbar? Wie einschränkbar? Wie zerstörerisch? Wie intensiv? Wie schlaff? Wie schnell? Wie wirklich? Wie realistisch? Wie zweifelhaft? Wie moralisch? Wie unmoralisch? Wie tugendhaft? Wie jung? Wie anwesend? Wie flüchtig? Wie organisch? Wie maschinell? Wie künstlich? Wie natürlich? Wie neu? Wie bekannt? Wie fremd? Wie gefährlich? Wie einzigartig? Wie wiederholbar? Wie leicht? Wie mühselig? Wie erfolgversprechend? Wie häufig? Wie selten? Wie vollständig? Wie begrenzt? Wie fest? Wie durchlässig? Wie sozial? Usw.

ABLAUF

Tisch für Tisch wiederholen Erik und Maximilian, Laura und Mette usw. die zuletzt hinzugekommenen sieben „Mengungen“ s. o. Runde acht.

Wodurch: Die leitende Instanz hier ist die Fantasie (II.5).

Text: Textkindergarten – s. o. Runde neun

In Doppeltandems üben wir unsere schriftliche Urteilskraft.

Lob: Spielkritik & Heftberatung – s. o. Runde fünf

Du gibst im Plenum konstruktive Rückmeldung und bietest allen die Chance, von dir zu lesen zu kriegen.

Show: Klassenzimmerbühne frei!

Wo: am Austauschtisch – bei mir selbst – auf der Bühne
Womit: Hefte SCHNELL + SCHÖN
Wann: Extrastunde!
Wofür: „sprachliche / gestalterische Mittel sammeln“ – „sich ausdrücken“ – kulturelle Teilhabe – „sich mit anderen zu Textwertungen austauschen“ – „angemessen / adressatengerecht kommunizieren“ – „sprachliche Verständigung gezielt nutzen“ – „erzählen“ – „Präsentation“ – „zu / vor anderen sprechen“ – „gedanklich geordnet formulieren“

IDEE AUF EINS

Eine Auswahl aus den in Runde eins bis zehn kennengelernten und probierten Textformen nach eigenem Gusto und Fleiß auf der Bühne vortragen.

VORBEREITUNG

Raquel und Roxanne holen ihre Notizhefte und blättern sie, wie alle Tischtandems, durch. Dabei schauen sie nach zwei Favoritentexten für ihren eigenen Vortrag. Welchen Text wollen sie zu zweit vortragen? Welche Texte haben im „Textekindergarten“ gute Unterstützung erfahren? Welcher Text steht kurz vor seiner Vollendung und sollte noch ein Mal überformt werden? Raquel wählt ihren Der-die-das-Spaß aus Runde vier und ihren „Satzauflauf“ aus Runde sechs aus. Roxanne nimmt ihr Papierzeitungsgedicht aus Runde drei und bringt Raquel dazu, sie beim Vortragen strophenweise zu unterstützen. Außerdem wählt sie noch drei hübsche „Minischicksale“ aus Runde acht mit ins Programm.

Die ausgesuchten Texte überarbeiten sie nochmals, indem sie ihr Textheft SCHÖN herholen und ihre Favoriten Satz für Satz noch einmal zu überdenken.

Zum Abschluss ihrer Vorbereitungen legen sie gemeinsam fest, wie Raquel Roxannes Texte ankündigen könnte und umgekehrt.

Foto 7: Schreiben – aus gegebenem Anlass, aus eigenem Entschluss

ABLAUF

Zur anberaumten Extrastunde räumt alles die Gänge zwischen den Tischen frei. Auf der Grenze zwischen Team „Flur“ und Team „Fenster“ entsteht am besten ein gut begehbarer Mittelgang. Die beiden Teams sowie die Schiedsrichterinnen machen untereinander aus, wer als Nächstes vortragen darf. Es wird tandemweise zwischen den Teams gewechselt.

Wenn alle vorgetragen haben, kannst du als Klassenoberhaupt ein kollektives „Wir sind toll!“ anberaumen.

ICH, DU, ER, SIE, IHR, WIR ALLE:

Für Marko und Carlota stellt es eine große Leistung dar, sich mit eigenen Texten vor den anderen zu präsentieren. Es ist selbstverständlich, dass jede:r auf ihrem/seinem persönlichen Entwicklungsstand mit dem Textbeitrag durch Applaus gewürdigt wird.

Wodurch: Die Aktion folgt dem Grundsatz: „Was dich hindert, bringt dich weiter“ (I.9).

Drittes Quartal: dranbleiben

11. Runde elf – „Und ab! Und ob!"

Laut: „Blabb!" mit „K"/„ck" und „L" – s. o Runde eins

Wir machen vollmundige, gut gelaunte „Einzelwortmusik". Nebenbei vergleichen wir ausgesuchte Lautklänge mit ihren Schriftbildern.

1. „Kuckuck!" – 2. „kratzen" – 3. „Kratzkatze" – 4. „Haken" – 5. „Luke" – 6. „Blick" – 7. „lallen" – 8. „Lulatsch" – 9. „Knall" – 10. „Weile" – 11. „wohlig" – 12. „still"

Ritual laut: Wörtertanz „Paris, Berlin"

Wo: im Wachmach
Womit: eigene Füße, M7 Wörtertänze
Wofür: „orthographisches Schreiben" anbahnen – „sprachliche / gestalterische Mittel sammeln" – „sich ausdrücken" – „sichere Worterkennung" – „Laut" – „Buchstabe" – „Silbe" – Wortschatz – „Rechtschreibung" – Ausdruck – Lust an der Selbstwirksamkeit – Bewegung – Verknappung – Wortbildung – Bewusstsein Körper/Kopf – Präsentieren – Sprachreflexion

IDEE AUF EINS

Verschiedene Wörtertänze kennenlernen und so in den nächsten Runden ein Gefühl für Silben, Wörter und Wortbildung in die Füße und Beine bekommen, das nie wieder verloren gehen wird. Praktisch verstehen, was „jambisch" heißt, und von Kopf bis Fuß auf Wörter eingestellt sein.

VORBEREITUNG

Mache es dir in deinem Vorbereitungsssesel bequem. So kannst du dir die von mir sogenannten „Spazierwörter" auf der Zunge zergehen lassen, die nicht selten aus dem Französischen stammen:

„Papier", „Esprit", „Klavier", „Delphin"

Daher trägt dieser Wörtertanz den Namen der Stadt París. Aber auch Begriffe wie

„Vernunft", „Verstand", „Bescheid", „Begriff", „Ersatz", „Geweih", „gescheit" ...

mit ihren aufwärts schwebenden Präfixen, sind „Spazierwörter". Wir tanzen sie in umgekehrter Reihenfolge zu den „Schreitwörtern" des „München". Erst kommt ein kurzer, leichter, federnder, unbetonter Schritt; auf ihn folgt ein langer, betonter, schwerer, steigender bzw. kräftiger Schritt. Als dritte Gruppe von Spazierwörtern gibt es noch Wortverbindungen wie:

„bis bald!" – „Du, du'" – „und ob!" – „ganz gern!" usw.

ABLAUF

Wir stellen die Stühle nah an die Tische und haben freien Platz für unsere Füße direkt dahinter. Weitere Wörtervorschläge sind:

Paris, Berlin
„woher?" – „wohin?" – „Schau an!" – „vielleicht" – „wer weiß?" – „Gerät" – „Verrat" – „Bescheid" – „verrückt" – „Tablett" – „Pissoir!" – „Filet" – „verflixt" – „Genuss" – „beliebt" – „verhasst" – „total"

ICH, DU, ER, SIE, IHR, WIR ALLE

Mit welchem Fuß du beginnst, spielt keine Rolle. Aber es erleichtert das chorische Sprechen und Gehen, wenn alle mit demselben Fuß beginnen. Es können auch Nikita oder Sophia bestimmen, mit welchem Fuß wir starten.

Wodurch: Die leitende Instanz hier ist der Rhythmus (II.9).

Ritual laut: WörterBilderHoppla – s. o. Runde eins

Wir gebären bildkräftige Wörter mithilfe eines Balls.

Ritual leise: Bewegungs-TÖRN 1 – 35

Wo: im Wachmach
Womit: eigene Hände u. Arme
Wofür: „sich verständigen" – „sich mit sprachlicher Vielfalt auseinandersetzen" – „erzählen" – „sprachliche Vielfalt gezielt nutzen" – „erklären" Begriffsbildung – Denken in Sprache – Wortschatz – Imagination – Erzähl-/Schreibstrategie – Satzbau

Wir wiederholen

- Dreh eins bis sieben / „Strömungen": „dehnen/sich ausbreiten!", „sprühen/streuen", „schweben", „vor und zurück", „hin und her", „auf und nieder", „weiter"
- Dreh acht bis 14 / „Richtungen" waren: „kurven", „runden", „inne", „peilen", „springen", „tauschen/wechseln", „gelangen/erreichen"
- Dreh 15 bis 21 / „Tastungen" waren: „be-/rühren", „reiben/drücken", „balgen/raufen", „spannen", „drehen/spinnen/bohren", „verschränken/weben", „schütteln/beben"
- Dreh 22 bis 28 / „Griffe" waren: „fliehen/entwischen", „pirschen/lauern", „treiben", „fangen/packen", „schlucken/verschlingen", „aufbäumen/stemmen/wehren", „brechen"
- Dreh 29 bis 35 / „Mengungen" waren: „sondern", „wachsen", „ziehen/fördern", „sammeln", „füllen", „mischen", „deckeln"

Ritual leise: Echobus

Wo: Stuhlformation „Bus"
Wofür: „zu anderen sprechen" – „vor anderen sprechen" – Lauschen – an sich halten – Empathie – Konzentration – Contenance – Respekt – Mut – Souveränität

IDEE AUF EINS

Eine Ruf- und Antwort-Übung. In die Stille und in responsorischem Wechsel sprechen und tönen einzelne Schüler:innen ihren Mitschüler:innen mündliche Impulse in den Rücken. Die Klasse antwortet kollektiv unisono und möglichst präzise als Echo auf den jeweiligen Impuls.

VORBEREITUNG

Wir stellen die Stühle in der Zimmermitte wie in einem Omnibus: je zwei Stühle nebeneinander, hintereinander angeordnet, links und rechts eines schmalen Ganges. Alle Stühle sind zur Tafel hin ausgerichtet. Die vorderste Stuhlreihe grenzt an den Tafelvorplatz. Ganz zuvorderst sowie ganz zuletzt stellen wir nun noch je einen einzelnen Stuhl. Die Klasse nimmt Platz. Du sitzt zu Beginn auf dem letzten Stuhl, Mette auf dem vordersten einzelnen Stuhl. Alle bis auf Mette schließen die Augen.

ABLAUF

Mette fungiert als Kontrolleurin. Du intonierst, was du willst. Wie wäre es z. B. mit einem melodisch gesäuselten: „Das sieht aber hübsch aus!" Die Klasse hört deinen Impuls, und wenn die Schallwelle an allen vorbeigeglitten ist, ahmen alle Schüler:innen kollektiv den Satz nach:

Klasse: „Das sieht aber hübsch aus!"

Was fällt dir als Nächstes ein? Vielleicht bildest du mit deinem gespreizten Gaumen und Rachen einen Hauchlaut, aus dem Schlund heraus, ein: „Chachchchchch ..." Wieder gibt es einen kleinen Schockmoment der Stille, bevor die Klasse zusammen antwortet:

Klasse: „Chachchchchch ..."

Nach drei weiteren stimmlich-sprachlichen Einsätzen erhebst du dich von deinem Sitz, tippst Yaron auf die Schulter und tauschst mit ihm den Platz. Nun ist Yaron dran mit fünf Impulsen aus seiner momentanen Verfassung heraus. Wieder antwortet die Klasse als Echo gemeinsam auf seine Eingaben.

- *Der Clou ist:* Nichts ist zu albern, nichts ist zu gewöhnlich, um hier nicht stimmlich, sprachlich seine Wirkung zu verbreiten. Und gerade die um Aufmerksamkeit buhlenden Klassenmitglieder erfahren hier das Glück, ihre Talente einbringen zu können und die anderen mit ihren Einfällen zu erfreuen.
- *Die Krux ist:* Es stellt für manche auch mittelfristig eine größere Herausforderung dar, bei sich auf dem Stuhl zu verharren, die Finger bei sich zu behalten und sich nicht umdrehen zu müssen. Und vor allem: der Stille und dem eigenen Hören zu vertrauen. Nur, wenn tatsächlich alle still sind, kann die Erwartungsspannung entstehen, die aus dem einzelnen stimmlichen Angebot ein akustisches Ereignis macht.
- *Mein Tipp:* Lass Mette im Wochenjournal festhalten, wer in dieser Runde dran kam. So sind alle einmal an der Reihe.

Foto 8: Echobus – Wörter wagen in erwartungsvoller Stille

SO ODER SO:
- einbinden: Es bietet sich hier eine schöne Gelegenheit, den mehrsprachigen Reichtum in der Klasse hervorzuheben. Wer weiß z. B. ein rumänisches Wort? Einen einzelnen Laut von sich geben, dazu braucht es Mut: Wer weiß einen Laut, den es im deutschen Lautbestand nicht gibt?
- einbetten: Auch stimmliche Äußerungen außerhalb des sprachlichen Lautespektrums oder nonverbale Äußerungen sind möglich
- trennen und lösen: Mette darf einzelne Blubberburschen und Babbelmädels mit zu quirliger Tagesform aus dem Echobus herausbeordern. Ohne Moral und um die Übung zum Erfolg zu führen.
- umstellen: Bei größerer Unruhe in der Klasse kannst du „Apropos" und „Echobus" in der Reihenfolge problemlos vertauschen.
- Wie noch?: Über die Strecke von fünf Impulsen hinaus können auch ganze Erzählstrecken, Gedichte und Texte in den Rücken der Klasse gesprochen werden.
- Keine Idee?: Wer erstmal überfordert ist kann einfach den eigenen Vornamen und den Nachnamen in den Rücken der anderen sprechen. Ist zugleich der einfachste Einstieg in diese zentrale Übung.

Wodurch: Die leitende Instanz ist hier das Ohr (II.4).

Stoff: Die Kinder mit dem Plus-Effekt von Gerald Jatzek

Wo: in der Kreiskartoffel
Womit: Vortragsblatt M3
Wofür: Konzentration – Wortschatz – kulturelle Teilhabe – „Texte verstehen" – „Verstehen und Nicht-Verstehen zum Ausdruck bringen" – „kritisch reflektieren" – „Wertungen zu Texten formulieren und begründen" – „sich mit anderen zu Textwertungen austauschen" – „sich verständigen" – „sich mit sprachlicher Vielfalt auseinandersetzen" – „aufmerksames Zuhören"

IDEE AUF EINS

Durch dosiertes, aber ritualisiertes Vorlesen, Zuhören und Reflektieren eine grundlegende Sprach-, Fühl- und Denkfreude entfalten. Gedichte in ihrer umfassenden Wirkung auf Geist und Seele selbstverständlich und individuell nahrhaft machen.

VORBEREITUNG

Mach es dir angenehm. Such dir einen guten Ort, an dem du das Gedicht als Ganzes und mit allen Sinnen geistig-seelisch in dich aufnehmen willst. Und dann sprich dir das Gedicht, mal murmelnd, mal rezitierend zu deinem eigenen Kunstgenuss selber vor:

Die Kinder mit dem Plus-Effekt (Gerald Jatzek)

Auf einer Haushaltsmesse wurden kürzlich
die idealen Kinder vorgestellt:
Sie sind mit Garantie sehr leicht zu pflegen,
knitterfrei und waschmaschinenfest.

Sie tragen stets nur blütenweiße Kleider,
wie man sie aus den Werbefilmen kennt.
Sie reißen in die Strümpfe keine Löcher,
das kommt von ihrem Stillhaltetalent.

Sie schreien nicht, sie flüstern stets verhalten,
statt widerborstig sind sie kuschelweich.
Ihr Lieblingswort ist selbstverständlich „danke“,
wenn man sie ruft, dann folgen sie stets gleich.

Sie spielen nicht, sie üben auf der Geige,
sie trocknen das Geschirr mit Freude ab.
Wenn man sie streichelt, schnurren sie bloß leise,
und hat man keine Zeit – dreht man sie ab:
Denn sie sind ziemlich einfach zu ernähren,
am Rücken ist ein Stecker angebracht.
Den schließt man mittels Kabel an den Stromkreis,
das lädt die Batterien auf über Nacht.

(In: Halbey, Hans Adolf (Hrsg.) (1997): Von wegen – die lieben Kleinen. Zürich: Sanssouci, S. 146 f.)

ABLAUF

Du liest das Gedicht mehr als ein Mal vor. Erst wenn du signalisierst, dass dein Vortrag zu Ende ist, beginnen wir das Gespräch. Wichtig ist: Es geht um die persönliche Begegnung, es geht hier ausdrücklich nicht um stimmige Interpretation oder Analyse. Ihr habt die Uhr gestellt. Mehr als vier Minuten muss die Begegnung nicht dauern.

ICH, DU, ER, SIE, IHR, WIR ALLE

Weil Jatzeks Gedicht nicht allen gefallen kann: Haltet dennoch zusammen das Interesse für Poesie aufrecht. Du kannst durch deine eigene Haltung gegenüber dem Gedicht, indem du Euphorie, aber auch einmal persönliche Distanz äußerst, die individuelle Geschmacksbildung fördern. Ein Gedicht spannend oder uninteressant zu finden, darüber lohnt es sich auszutauschen. Für Gefallen oder Ablehnung gibt es Gründe.

Wodurch: Die leitende Instanz hier ist die Überlieferung (II.10).

Spiel: Geheimnisvolles Verkosten

Wo: am Austauschtisch
Womit: Knabbereien
Wofür: „sich ausdrücken“ – Wortschatz – Spaß – „gedanklich geordnet formulieren“ – „erzählen“ – Imagination – „sprechen und Zuhören“ – „Bezüge herstellen“

IDEE AUF EINS

Ausgerechnet über bekannte Knabbereien und Naschsachen zu gewählten Beschreibungen gelangen, bis hin dazu, dem Nahrungsmittel Karotte einen neuen Namen zu geben.

VORBEREITUNG FÜR DICH

Versorge dich mit Essbarem. Nimm und iss etwas und lasse den Bissen auf der Zunge zergehen, z. B. eine Bananenscheibe. Du weißt, dass es sich um eine Bananenscheibe handelt. Nimm dir dennoch fest vor, genau das komplett zu vergessen. Stelle dir vor, es handele sich um eine ganz andere Frucht, mit einem anderen Namen. Wenn du das hinbekommst, wirst du auch die Frage beantworten können, wer du eigentlich bist, und wo du dich gerade eigentlich befindest. Womöglich bist du mit einem Mal ein:e Seefahrer:in vor vierhundert Jahren, der oder die in eine ihm unbekannte Frucht hineinbeißt, um den Menschen in der fernen Heimat davon zu berichten. Falls du aber hartnäckig an eine Banane denken musst, dann stell dir einfach vor, du wärst der/die erste Entdeckungsreisende, die/der eine Banane zu essen bekommt, und du hättest erst soeben von einem Fremden erfahren, dass diese Frucht „Banane“ heißt.

So, wie mit der Banane, kannst du dann auch mit allen möglichen anderen Früchten, Kräutern oder Gemüse verfahren, z. B. mit Äpfeln, Rosinen, Petersilie, Karotten usw.

VORBEREITUNG FÜR DIE KLASSE

Besorge verschiedene Formen von Trockenfrüchten, Fruchtgummis, Nüssen sowie kleine Butterbrottüten. Fülle ein paar Naschsachen & Co. hinein, so dass sich immer zwei Tischtandems zusammen aus einer solchen Tüte bedienen können. Zuletzt braucht ihr pro Doppeltandem einen Schal oder ein Halstuch, um euch die Augen zu verbinden.

ABLAUF

Sind die Doppeltandems rasch verteilt, die Tüten und Schals ebenfalls, dann gibst du noch eben die Direktive aus, dass es in diesem Spiel verboten ist, die unsichtbaren Nahrungs- und Naschmittel beim Namen zu nennen. Es ist lediglich erlaubt, mit Worten zu beschreiben, was die Proband:innen so spüren, erleben und selbstverständlich spekulieren.

Giulia und Dragica gehen mit Nurit und Valentina zu viert zusammen usw. Giulia verbindet Dragica die

Augen. Dragica greift in die Tüte, die ihr Nurit hinhält. Valentina protokolliert zusammen mit Giulia und Nurit, was Dragica jetzt gleich von sich geben wird:

Dragica: (knabbert einen Karottenstick) – Nurit: „So, Dragica, du hast jetzt etwas in deinen Mund geschoben. Wie fühlt es sich an?" – Dragica: „Ja, also, es hat eher ein hartes Fruchtfleisch." – Valentina: „Welche Farbe hat es, was meinst du?" – Dragica: „Braun, würde ich sagen, hellbraun, so wie Ingwer. – Giulia: „Du darfst keine Namen nennen!" ...

ICH, DU, ER, SIE, IHR, WIR ALLE

„Ernährungsberatung für Gummipuppen": Wenn du dich beim Einkauf auf Fruchtgummi beschränkst, kannst du auch das Szenario „Gummipuppen" etablieren. Im besagten Doppeltandem wäre Dragica dann eine große Gummipuppe, die sich hauptsächlich von Fruchtgummi ernährt. Sie würde versuchen, von Giulia gefüttert, den Geschmack dreier Fruchtgummisorten mit Worten zu beschreiben.

Wodurch: Die leitende Instanz hier ist der Mund (II.8).

Übung: Wortschatz-TÖRN 36 – 42

Wo: am Austauschtisch
Womit: eigene Hände
Wofür: „sich verständigen" – „sich mit sprachlicher Vielfalt auseinandersetzen" – „erzählen" – „sprachliche Vielfalt gezielt nutzen" – „erklären" – Begriffsbildung – Denken in Sprache – Wortschatz – Imagination – Erzähl-/Schreibstrategie – Satzbau

IDEE AUF EINS

Die sieben nächsten Bewegungen kennenlernen und im Körpergedächtnis verankern.

VORBEREITUNG

Wieder machst du es dir in deinem Sessel bequem. Die vorletzte Siebenerreihe steht an, das sind im TÖRN-Spiel die „Ordnungen" oder auch die „Bildungen". Du hast mit dem letzten Dreh die rechte Hand Hoi durch die linke Hand Hü mit einem Deckel versehen. Hier machen wir nun weiter. Und zwar mit „warten" (Dreh 36). Du hältst dir die gedeckelte Hand Hoi vor Augen und tust quasi „nix". Dieses „Nix" ist für alles Mögliche gut. Aber natürlich „öffnest" du als Nächstes die rechte Hand und hebst dazu Hü, die linke, von ihr ab (Dreh 37). Und anders als mit Dreh 29, als du deine Hände voneinander getrennt hast nach dem „Aufbrechen" von Dreh 28, setzt du jetzt die beiden Hände zueinander in eine geordnete Beziehung. Du legst oder stellst sie (= Dreh 38). Und zwar, wie du möchtest. Vielleicht nebeneinander? Von dort ausgehend „reihst" du nun deine beiden Hände vor- bzw. nacheinander „an". Du könntest es auch als ein „Verlängern", als ein „Andocken" benennen, Hü und Hoi „folgen" aufeinander (Dreh 39). Jetzt geht es in die Höhe. Du „baust" mit den Händen ein Gebäude (Dreh 40). Dieses kann sich durch „Zuspitzen" der Finger und Handflächen zu einem Turm „türmen" (Dreh 41). Und diesen Handturm „hältst" du in der Luft für einen Moment, das ist dann Dreh 42: „aushalten", „hinhalten", „powern", „Energie geben" usw. Es ist wiederum eine „Bewegung im Stillstand", wie schon zuvor Dreh 36, „warten"/„bergen" oder Dreh 10, „innehalten".

ABLAUF

Du stehst vor der Klasse und kommentierst, was du mit deinen Händen tust.

DIFFERENZIERUNG

Mittlerweile kennt die Klasse schon 35 aufeinanderfolgende Bewegungen. Wenn du merkst, dass manche Kinder sich mit dem Bewegungsimpuls, aus welchen Gründen auch immer, nicht verbinden können, so biete ihnen an, aus der Distanz am Geschehen teilzunehmen.

Wodurch: Leitender Grundsatz für TÖRN ist: „Sprache ist Ereignis" (I.2).

Text: Die langweiligste Geschichte aller Zeiten – s. o. Runde sieben

12. Runde zwölf – „Immer wieder gern!"

Laut: „Blabb!" mit „M" – s. o. Runde eins

Wir machen vollmundige, gut gelaunte „Einzelwortmusik". Nebenbei vergleichen wir ausgesuchte Lautklänge mit ihren Schriftbildern.

1. „Maus" – 2. „Hmmm ..." – 3. „Hamburg" – 4. „wimmeln" – 5. „Tamtam" – 6. „lahm" – 7. „um" / „herum" – 8. „Traum" – 9. „Drama" – 10. „Adam" – 11. „Mama" – 12. „Murmeltier"

Ritual laut: Wörtertanz „Paris, Berlin" – s. o. Runde elf

Wir treiben schallend Wortbildung von Kopf bis Fuß.

Ritual leise: Bewegungs-TÖRN 1 – 42

Wo: im „Wachmach"
Womit: eigene Hände und Arme
Wofür: „sich verständigen" – „sich mit sprachlicher Vielfalt auseinandersetzen" – „erzählen" – „sprachliche Vielfalt gezielt nutzen" – „erklären" – Begriffsbildung – Denken in Sprache – Wortschatz – Imagination – Erzähl-/Schreibstrategie – Satzbau

Wir wiederholen

- Dreh eins bis sieben / „Strömungen"
- Dreh acht bis 14 / „Richtungen"
- Dreh 15 bis 21 / „Tastungen"
- Dreh 22 bis 28 / „Griffe"
- Dreh 29 bis 35 / „Mengungen"
- Dreh 36 bis 42 / „Ordnungen/Bildungen": „bergen/warten", „öffnen", „setzen/legen/stellen", „reihen/aufeinanderfolgen", „bauen", „auftürmen/zuspitzen", „halten"

Ritual leise: Echobus – s. o. Runde elf

Wir ahmen schwebend konzentriert sprachliche Äußerungen nach.

Stoff: Das Frühstücksei von Thomas Gsella

Wo: in der Kreiskartoffel
Womit: Vortragsblatt M3
Wofür: Konzentration – Wortschatz – kulturelle Teilhabe – „Texte verstehen" – „Verstehen und Nicht-Verstehen zum Ausdruck bringen" – „kritisch reflektieren" – „Wertungen zu Texten formulieren und begründen" – „sich mit anderen zu Textwertungen austauschen" – „sich verständigen" – „sich mit sprachlicher Vielfalt auseinandersetzen" – „aufmerksames Zuhören"

Das Frühstücksei (Thomas Gsella)

Die allererste Sauerei
Ist die am frühen Morgen:
Zum Frühstück schenkt das Hühnerei
Uns erste Wut und Sorgen.

Es ist zu heiß, nicht abgeschreckt,
Es ist zu hart, es stinkt nach Fisch,
Es ist zu weich, die Schale leckt,
Gelb suppt der Glibber auf den Tisch –

Das Ei ist nie, wie man es will.
Man kann das Ei nicht essen.
Man schmeißt den Plunder in den Müll
Und kann den Tag vergessen.

(In: Maintz, Christian (Hrsg.) (2018): Vom Knödel wollen wir singen. München: Antje Kunstmann, S. 172)

ABLAUF

Du liest das Gedicht mehr als ein Mal vor. Erst wenn du signalisierst, dass dein Vortrag zu Ende ist, beginnen wir das Gespräch. Wichtig ist: Es geht um die persönliche Begegnung, es geht hier ausdrücklich nicht um stimmige Interpretation oder Analyse. Ihr habt die Uhr gestellt. Mehr als vier Minuten muss die Begegnung nicht dauern.

ICH, DU, ER, SIE, IHR, WIR ALLE

Weil nicht alle in der Klasse gleich viel mit Frühstückseiern anfangen können – haltet dennoch das generelle Interesse für Poesie aufrecht. Du kannst durch deine eigene Haltung gegenüber dem Gedicht, indem du Euphorie, aber auch einmal persönliche Distanz zu diesem Gedicht äußerst, die individuelle Geschmacksbildung fördern. Für Gefallen oder Ablehnung gibt es Gründe.

Wodurch: Die leitende Instanz hier ist die Überlieferung (II.10).

Spiel: Jens kann immer bügeln

Wo: bei sich selbst
Womit: Kärtchenmaterial M6
Wofür: „sprachliche / gestalterische Mittel sammeln" – „sich ausdrücken" – „sichere Worterkennung" – „Laut" – „Buchstabe" – „Silbe" – „Alphabet" – „Kernwörter" – Wortschatz – „Rechtschreibung" – Ausdruck – Lust an der Selbstwirksamkeit – Schreiben – Weltzugang durch Schreiben

IDEE AUF EINS

Per Kärtchenziehung entstehen, ähnlich wie bei „Minischicksal" skurrile Geschichtenkeime, die leicht schriftlich ausgebaut werden können.

VORBEREITUNG FÜR DICH

Du legst einen Stapel mit etwa 24 Namen an (Vornamen- und/oder Nachnamen), z. B.:

„Jens", „Herr Walter", „Svenja", „Oma Jule", „Rapper Cry" …

Einen weiteren Stapel bilden Verben von beruflichen oder privaten Tätigkeiten oder Handlungen:

„bügeln" – „Gassi gehen" – „bohnern" – „lernen" – „Skateboard fahren" – „angeln" – „Traktor fahren" usw.

Schließlich brauchst du noch vier Kärtchen, auf denen die Wörter „kann", „muss", „darf" und „will" stehen. Mit den selbst gefundenen Namen, Tätigkeiten und M6 habt ihr einen reichen Auswahlfundus für das Erzählen parat.

Wenn alle Kartenwörter „nach unten" schauen in Richtung Tisch, kannst du durch dreimaliges Ziehen der Karten mittels Zufall einen Satz basteln. Nur das Wort „immer" kommt „immer" vor, siehe der Name des Spiels: „Jens kann immer bügeln", hervorgegangen aus „Jens" (Namenkärtchenstapel) „kann" (eines der 4 Verben) „immer" + „bügeln" (vom Tätigkeitenstapel). Oder:

„Svenja will immer rutschen." – „Marvin muss immer heulen."

ABLAUF

Alle Schüler:innen nehmen sich je ein Kärtchen und gehen an den eigenen Tisch. Gibran versucht, aus dem generierten Satz einen kurzen erzählerischen Text zu formen:

„Das ist die kurze Geschichte von einem Jungen, der zu Hause, in der Schule, auf dem Fußballplatz stets ein Bügeleisen mit sich führte; eines, das einen Akku besaß. Ehrlich. Jens war ein außergewöhnlicher Junge. Er bügelte für sein Leben gern. Und viel …

Im zweiten Fallbeispiel „Svenja will immer rutschen" kann die Geschichte ebenfalls sofort loserzählt werden:

Mette: „Obwohl sie schon achtzehn Jahre alt war, konnte Svenja an keinem Spielplatz vorüberradeln, ohne ab und zu die dort befindliche Rutsche hinaufzusteigen …

TIPP: Die Vor- und Nachnamen der Klassenmitglieder sowie der eigenen Jahrgangsstufe werden für das Spiel vorsorglich ausgeklammert.

Wodurch: Leitende Instanz ist das Spiel als Zufallsspiel (II.1).

Spiel: Konjunktionen scheffeln

Wo: am Austauschtisch
Womit: Notizheft, Audio-App
Wofür: „sprachliche / gestalterische Mittel sammeln" – „sich ausdrücken" – „sichere Worterkennung" – „Laut" – „Buchstabe" – „Silbe" – „Alphabet" – „Kernwörter" – Wortschatz – „Rechtschreibung" – Ausdruck – Selbstwirksamkeit

IDEE AUF EINS

Die Spieltandems bilden improvisierend Sätze und sprechen sie gegebenenfalls auf ihre Audio-Apps.

VORBEREITUNG

An die Tafel links schreibst du die Gruppe der nebenordnenden Konjunktionen: „und" – „oder" – „denn" – „aber". In gutem Abstand rechts auf die Tafel dazu schreibst du unterordnende Konjunktionen: „als" – „während" – „wenn" – „obwohl" – „weil" – „dass" – „damit". Die Spieltandems beschriften dementsprechend ihre eigenen Würfel.

ABLAUF

Mariam und Natalya verbinden die zufällig gewürfelte Konjunktion mit einer Törn-Bewegung bzw. einer ganz frei gewählten Bewegung:

Mariam (würfelt): „Obwohl" – Natalya (dehnt und reckt ihre Arme in die Luft): „Obwohl ich müde war ..." – Mariam (würfelt mit einem Buchstabenwürfel ein „Pf"): „Obwohl ich richtig müde war, ging ich noch zu meinem Pferd."

Die beiden schreiben gegebenenfalls einen besonders gelungenen Satz in ihr Notizheft.

Wodurch: Leitende Instanz hier ist die Imagination (II.12).

Übung: TÖRN Satzauflauf 36 – 42 & Wessen, Wem, Wen

Wo: am Austauschtisch
Womit: eigene Hände
Wofür: „sich verständigen" – „sich mit sprachlicher Vielfalt auseinandersetzen" – „erzählen" – „sprachliche Vielfalt gezielt nutzen" – „erklären" – Begriffsbildung – Denken in Sprache – Wortschatz – Imagination – Erzähl-/Schreibstrategie – Satzbau

IDEE AUF EINS

Die Klasse tauscht sich tischweise über die bisher verhandelten Bewegungen aus. Anhand der Fragen „Wessen", „Wem" und „Wen" entstehen immer mehr vollmundige Formulierungen darüber, was diese vierzehn Bewegungen bedeuten, wofür sie stehen könnten.

VORBEREITUNG

s. o. TÖRN Übung, Runde zehn

ABLAUF

Das Wessen-, Wem- und Wen-Brimborium
Wessen: Wessen Ding, Lebewesen, Nachkomme, Personal, Ratgeber, Befehl usw. ist das? Auf wessen Veranlassung? In wessen Auftrag? Wessen Kopie? Wessen Produkt? Wessen Original? Wessen Datensatz? Wessen Glück? Wessen Vorteil? Wessen Pech?
Wem: Von wem? Nach wem? Vor wem?
Wen: Um wen? Wen noch? Wen sonst? Wen alles? Für wen?

s. o. TÖRN Übung, Runde zehn

Wodurch: Leitende Instanz ist hier die Fantasie (II.5).

Text: Stadtverschönerung

Wo: bei sich selbst / im Tandem
Wofür: „Identität ausdrücken"– „Texte angemessen formulieren" – „gedanklich geordnet formulieren" – „Texte überarbeiten" – „kritisch reflektieren" – „sich mit anderen zu Textwertungen austauschen" – „sich mit Texten auseinandersetzen" – „orthographisch schreiben"

IDEE AUF EINS

Ein Spiel mit der eigenen Stadt, der eigenen Ortschaft. In unserer Fantasie gestalten wir sie um.

VORBEREITUNG

Verschönere die Stadt, in der du wohnst, indem du selbst die Städteplanung übernimmst. Wo soll es ein Freibad, einen Zoo oder einen Hubschrauber-Landeplatz geben, und wozu? Es geht darum, dass du deine gewohnte Umgebung durch deine Vorstellungen ziemlich veränderst. Stell dir nur vor, wie das wäre, wenn du einfach die Entscheidung fällen könntest, auf dem Parkplatz vor eurer Haustür einen Streichelzoo zu errichten oder ein Hallenbad mit einer 50-Meter-Rutsche.

Nimm ein extra großes Blatt Papier und skizziere den Stadtplan deiner Heimatstadt mitsamt den Gebäuden und Einrichtungen, die du gerne an dieser und jener Stelle sehen würdest. Probiere aus, was dir am meisten gefällt: Du kannst die Orte und Plätze

- verlegen: der Hauptbahnhof wandert z. B. vom Norden in den Süden, einfach so oder aus gutem Grund.
- austauschen: Du vertauschst das Schulgelände mit dem Marktplatz. Du fährst also künftig zum Marktplatz, wenn du zur Schule musst, und der Wochenmarkt findet da statt, wo bisher deine Schule stand.
- ersetzen: Das Einkaufszentrum, zwei Straßen von dir entfernt, sieht gar zu hässlich aus. Du entscheidest, dass es durch eine Liegewiese ersetzt wird.

- hinzufügen: Du kannst dir vorstellen, dass ein eleganter Fluss durch dein Viertel fließt mit Gondeln und Motorbooten – dann füge ihn in das gewohnte Straßennetz ein.
- wegnehmen: Alles, was einmal gebaut wurde, wird irgendwann auch einmal nicht mehr sein. Lasse die vierspurige Straße in deiner Nähe einfach verschwinden. Was verändert sich dadurch?

Denke dir Geschichten aus, die erst dadurch erzählt werden können, weil du die Gegend, in der du lebst und die du kennst, neu erfunden hast. Du kannst auch einen Stadtplan nehmen und mit kleinen Papierschnipseln, Tesafilm und sehr feinem Filzstift in die vollständige Darstellung deiner Stadt deine Ideen und Wünsche einkleben.

ABLAUF

Setzt das unter Vorbereitung Gesagte um.

Wodurch: Leitende Instanz hier ist das Denken (II.12).

Aufgabe: Bus fahren, Geschichten sammeln und Haltestellen-Hollywood

Wo: draußen, im ÖPNV
Womit: Notizheft, Audio-App
Wofür: „Identität ausdrücken" – „Texte angemessen formulieren" – „gedanklich geordnet formulieren" – „flüssig formulieren" – „Texte überarbeiten" – „kritisch reflektieren" – „sich mit anderen zu Textwertungen austauschen" – „sich mit Texten auseinandersetzen" – „orthographisch schreiben"

IDEE AUF EINS

Einen Bus oder eine Straßenbahn besteigen, sich durch die Gegend fahren lassen und dabei Beobachtungen machen und festhalten.

VORBEREITUNG

Du stehst vor der Klasse und erteilst allen diesen Schreibauftrag:

Du: „Nehmt heute bitte euer „SCHNELL"-Heft mit. Ihr braucht es bis zur nächsten Runde. Besteigt einen Bus und fahrt eine Stunde lang mit. Interessant ist, eine Tour bis zur Endstation mitzumachen und mit dem Bus dann wieder zurückzufahren. Bitte notiert Gesprächsfetzen, beschreibt Fahrgäste, haltet Szenen am Straßenrand fest, Geräusche, Gerüche ... Einfach alles, was euch im Dahinfahren vor Augen und Ohren kommt und was ihr irgendwie bemerkenswert findet. Am schönsten ist dieses Wahrnehmungsspiel in der Gruppe. Dann könnt ihr euch hinterher austauschen. – Jede:r hat etwas anderes gesehen. Aber was? Das wird euch der Zufall in die Hände spielen.

ABLAUF

Die Klasse nimmt ihre Wort-und-Spiel-Notizhefte mit aus der Schule. Manche fahren sowieso mit öffentlichen Verkehrsmitteln heim. Sie können sich gleich an die Aufgabe machen. Andere brechen am Nachmittag oder Abend extra von zu Hause auf, um Notizen zu machen.

- einbinden: Wer kein Schul-Abo besitzt, braucht evtl. etwas Geld aus der Klassenkasse für die Exkursion.

ICH, DU, ER, SIE, IHR, WIR ALLE:

VARIANTE „Haltestellen-Hollywood": Du sagst zu Samir, Giulia, Laura und den anderen: „Setz dich an eine Bushaltestelle und warte." Es kann langweilig werden, dort zu sitzen. Es könnte aber auch spannend werden wie eine Filmszene. Es gibt ja neben dir immer auch andere wartende Menschen. Sie fühlen sich vermutlich unbeobachtet. Ein Typ mit Baseballkappe starrt Löcher in die Luft. Ein Pudel verknäult sich mit der Leine um die Stange des Haltestellenschildes. Ein junger Mann in blauer Arbeitskleidung lässt in fast regelmäßigen Abständen einen Spuckefaden aus seinem Mund zu Boden fallen.

Diese drei Geschehnisse haben nichts miteinander zu tun, sie passieren nur gleichzeitig am selben Ort. Trotzdem kann dir das Ganze wie ein sorgfältig gedrehter Film vorkommen. Wie ungezwungen sich die Darstellenden bewegen! Toll! Du kannst die Erzählung dadurch erhöhen, dass du dir vorstellst, der Baseballkappentyp, die stark geschminkte Dame mit ihrem verhedderten Pudel und der spuckende Mann hätten etwas miteinander zu tun. Vielleicht sind sie miteinander verwandt oder zumindest Nachbarn, und es gibt da eine Vorgeschichte, die nur du kennst, weil du sie dir jetzt gerade ausdenkst.

Wodurch: Die leitende Instanz hier ist die Gegenwart (II.11).

13. Runde dreizehn – „Voll intensiv"

Laut: „Blabb!" mit „N" und „ng" – s. o. Runde eins

Wir machen vollmundige, gut gelaunte „Einzelwortmusik". Nebenbei vergleichen wir ausgesuchte Lautklänge mit ihren Schriftbildern.

1. „Nana ...!" – 2. „Nanu?" – 3. „Tran" – 4. „ahnen" – 5. „Klingklang" – 6. „wringen" – 7. „dran" – 8. „Wien" – 9. „Ende" – 10. „hängen" – 11. „lang" – 12. „nie"

Ritual laut: Wörtertanz „StuttGart, BraunSchweig"

Wo: im „Wachmach"
Womit: eigene Füße, M7 Wörtertänze
Wofür: „orthographisches Schreiben" anbahnen – „sprachliche / gestalterische Mittel sammeln" – „sich ausdrücken" – „sichere Worterkennung" – „Laut" – „Buchstabe" – „Silbe" – Wortschatz – „Rechtschreibung" – Ausdruck – Lust an der Selbstwirksamkeit – Bewegung – Verknappung – Wortbildung – Bewusstsein Körper/Kopf – Präsentieren – Sprachreflexion – Wahrnehmung – Sensibilisierung – Komposita – aus sich herausgehen

IDEE AUF EINS

Wir lernen verschiedene Wörtertänze kennen und bekommen so in den nächsten Runden ein Gefühl für Silben, Wörter und Wortbildung in die Füße und Beine, das uns nie wieder verloren gehen wird.

Vom Wert der Silbe

Die Silbe trägt als Morphem die Hauptbedeutung eines Wortes. Als Prä- oder Suffix informiert sie ebenso verlässlich. Der Fuß hilft hier der (Schreib-)Hand, wenn Mariam ein Gespür dafür bekommt, wie im Wort „Hausmaus" zwei Welten zusammenkommen ...

VORBEREITUNG FÜR DICH

Bitte steh bequem in deinem Zimmer und lasse dich dafür gewinnen, mit Fuß und Mund zu bestätigen: Viele Wörter in unserer Sprache sind einsilbig, z. B. Milch, Mehl, Korn, Tisch, Stuhl, Bett, Ball, Mist, Glanz, Bein, Mut, hoch, rum, her usw. Sie bekommen leicht einen schweren Charakter, ganz gleich ob sie vom Vokal her gemessen kurz oder lang sind. Es ist, als ob der elementare Gehalt dieser Wörter („Stein", „Baum", „Haus") mit zu ihrer Wucht beim Gehen beitrüge.

ABLAUF

Schiebt euren Stuhl wieder nah an den Tisch. Stellt euch dahinter und – habt Spaß am responsorischen Hin- und Her-Rufen von Wörtern mit diesem Rhythmus.

Dem eigentümlich gestauchten Rhythmus dieser durchaus häufigen Wortgruppe („Tischbein", „Eintopf", „Baukran") könnt ihr auch entsprechen, indem ihr sie mit geschlossenen Beinen hüpft.

Probiert auch bitte auffällig viele Rufe wie „Lass' das!", „Hör auf!" und „Jetzt nicht!" aus. Sie gehören zum „StuttGart, BraunSchweig". Aber Vorsicht: Ein paar zu viele davon, und ihr klingt weniger wie ein Ballsaal, eher wie ein Hundesportvereinsplatz.

Wodurch: Die leitende Instanz ist hier der Rhythmus (II.9).

Ritual leise: Bewegungs-TÖRN 1 – 42

Wo: im Wachmach
Womit: eigene Hände u. Arme
Wofür: „sich verständigen" – „sich mit sprachlicher Vielfalt auseinandersetzen" – „erzählen" – „sprachliche Vielfalt gezielt nutzen" – „erklären" – Begriffsbildung – Denken in Sprache – Wortschatz – Imagination – Erzähl-/Schreibstrategie – Satzbau

Wir wiederholen
- Dreh eins bis sieben / „Strömungen"
- Dreh acht bis 14 / „Richtungen"
- Dreh 15 bis 21 / „Tastungen"
- Dreh 22 bis 28 / „Griffe"
- Dreh 29 bis 35 / „Mengungen"
- Dreh 36 bis 42 / „Ordnungen/Bildungen"

Ritual leise: Echobus – s. o. Runde elf

Wir ahmen hochkonzentriert sprachliche Äußerungen nach.

Stoff: Rückzug von Erich Fried

Wo: in der Kreiskartoffel
Womit: Vortragsblatt M3
Wofür: Konzentration – Wortschatz – kulturelle Teilhabe – „Texte verstehen" – „Verstehen und Nicht-Verstehen zum Ausdruck bringen – „kritisch reflektieren" – „Wertungen zu Texten formulieren und begründen" – „sich mit anderen zu Textwertungen austauschen" – „sich mit sprachlicher Vielfalt auseinandersetzen" – „aufmerksames Zuhören"

IDEE AUF EINS

Durch dosiertes, aber ritualisiertes Vorlesen, Zuhören und Reflektieren eine grundlegende Sprach-, Fühl- und Denkfreude entfalten. Gedichte in ihrer umfassenden Wirkung auf Geist und Seele selbstverständlich und individuell nahrhaft machen.

VORBEREITUNG

Mach es dir angenehm. Such dir einen guten Ort, an dem du das Gedicht als Ganzes und mit allen Sinnen geistig-seelisch in dich aufnehmen willst. Dann sprich dir das Gedicht, mal murmelnd, mal rezitierend zu deinem eigenen Kunstgenuss selber vor:

Rückzug (Erich Fried)

Zuerst schäl ich den Himmel ab
damit ich blaue Kleider hab

dann atme ich die Wolken ein
so muss ich nicht mehr durstig sein

dann reiß ich alle Bäume aus
und mach mir lange Spieße draus

und alle Blumen brech ich dann
bis ich die Erde nackt sehn kann

dann jag ich alle Käfer fort
und hetze jeden Stein vom Ort

Die nassen Asseln unterm Stein
die werden mir vielleicht verzeihn

(In: Halbey, Hans Adolf (Hrsg.) (1997): Von wegen – die lieben Kleinen. Zürich: Sanssouci, S. 91)

ABLAUF

Ein Gespräch über Allmachtsgefühle, über Bewegungsdrang, über Action? Du liest das Gedicht mehr als ein Mal vor. Erst wenn du signalisierst, dass dein Vortrag zu Ende ist, beginnen wir das Gespräch. Wichtig ist: Es geht um die persönliche Begegnung, es geht hier ausdrücklich nicht um stimmige Interpretation oder Analyse. Ihr habt die Uhr gestellt. Mehr als vier Minuten muss die Begegnung nicht dauern.

ICH, DU, ER, SIE, IHR, WIR ALLE

Weil dieses Gedicht nicht allen gleich viel sagen kann: Haltet dennoch das generelle Interesse für Poesie aufrecht. Du kannst durch deine eigene Haltung gegenüber dem Gedicht, indem du Euphorie, aber auch einmal persönliche Distanz zu diesem Gedicht äußerst, die individuelle Geschmacksbildung fördern. Ein Gedicht spannend oder uninteressant zu finden, darüber lohnt es sich auszutauschen. Für Gefallen oder Ablehnung gibt es Gründe.

Wodurch: Die leitende Instanz hier ist die Überlieferung (II.10).

Spiel: Adverbienduell

Wo: im Teamrat + an der Spiellinie
Womit: Karteikarten, Wettkämpfchenchronik M4
Wofür: „sich mit sprachlichen Strukturen auseinandersetzen" – „sprachliche Strukturen gezielt nutzen" – „erzählen" – „erklären" – „Präsentation" – „orthographische Zweifelsfälle klären" – „individuelle Fehleraufmerksamkeit" – Adverb

IDEE AUF EINS

Sätze mit Adverb am Anfang werden im „Gruppenduell" gegen- und miteinander formuliert.

VORBEREITUNG

Die Klasse wird in Gruppe „Flur" und Gruppe „Fenster" aufgeteilt. Beide Gruppen schreiben je einen Vierersatz Karteikarten mit Adverbien:

- temporal: neulich, manchmal, danach, heute ...
- lokal: seitlich, links, überall, vorne ...
- modal: umsonst, oft, besonders ...
- kausal: deswegen, weil, dadurch, deshalb ...

Die Gruppen dürfen im Internet oder in der Schulgrammatik nach speziellen und seltenen Konjunktionen fahnden, um die gegnerische Seite in Schwierigkeiten zu bringen.

ABLAUF

„Flur" und „Fenster" stehen sich wieder in intern besprochener Reihung gegenüber. Der Karteikartensatz, die „Wunderwaffe" wandert Einsatz für Einsatz durch die Reihe. Yaron („Flur") beginnt, setzt ein Adverb als Satzanfang. Laura („Fenster"), ihm gegenüber, formuliert den Satz zu Ende. Direkt im Anschluss setzt Laura ihrerseits ein Adverb usw.

Yaron: „Überall ...!" – Laura: „... lauerte Gefahr. Manchmal ...!" – Clara: „... hab ich einfach Glück. Ununterbrochen ..." – Maximilian: „... schaut der Kapitän auf's Meer hinaus."

NACHBEREITUNG: Du kannst bei diesem Spiel Sonderpunkte für besonders schön vollendete Sätze vergeben.

Wodurch: Leitende Instanz hier ist das Spiel (II.1).

Übung: TÖRN Satzauflauf 1 – 42 & Wann

Wo: am Austauschtisch
Womit: eigene Hände
Wofür: „sich verständigen" – „sich mit sprachlicher Vielfalt auseinandersetzen" – „erzählen" – „sprachliche Vielfalt gezielt nutzen" – „erklären" – Begriffsbildung – Denken in Sprache – Wortschatz – Imagination – Erzähl-/Schreibstrategie – Satzbau

IDEE AUF EINS

Die Klasse tauscht sich tischweise über die bisher verhandelten Bewegungen aus. Anhand der luftigen Frage „Wann" entstehen immer mehr vollmundige Formulierungen darüber, was diese 42 Bewegungen bedeuten, wofür sie stehen könnten.

VORBEREITUNG

Du schreibst eine Auswahl folgender Fragen an die Tafel:

Das Wann-Brimborium

Wann: Seit wann? Bis wann? Ab wann? Wann allmählich? Wann jetzt? Wann plötzlich? Wann währenddessen? Wann in Folge? Wann andauernd? Wann zuletzt? Wann bis zuletzt? Wann gleich? Wann ohne? Wann neuerdings? Wann nochmal? Wann noch und nöcher? Wann endlich? Wann schließlich? Wann endlos? Wann noch ein wenig? Wann nur noch? Wann immer? Wann gewöhnlich? Wann ungefähr? Wann dann und wann? Wann immer wieder? Wann zeitlebens? Bevor wann? Immer wann? Wann immer? Wann gerade noch? Wann ausgerechnet? Wann einst? Wann damals? Wann zuletzt? Wann gestern? Wann morgen? Wann zukünftig? Wann die ganze Zeit?

ABLAUF

Die Klasse tauscht sich tischweise über die bisher verhandelten Bewegungen aus (s. o. Übung TÖRN Runde zwölf).

Wodurch: Die leitende Instanz hier ist die Fantasie (II.5).

Übung: Duden-Skala

Wo: am Austauschtisch, in der Kreiskartoffel
Womit: evtl. Synonymwörterbuch
Wofür: „sich mit sprachlichen Strukturen auseinandersetzen" – „sprachliche Strukturen gezielt nutzen" – „erzählen" – „informieren" – „argumentieren" – „erklären" – „Präsentation" – Wortfeld

IDEE AUF EINS

Wir bestellen Wortfelder, indem wir deren Vokabeln nach dem Klimax-Prinzip sortieren, z. B.: „tönen/Lautstärke". Es gibt „fauchen", „heulen", „jaulen" usw. Wir sortieren diese Wörter individuell nach unserem Sprachempfinden.

VORBEREITUNG

Um die Intensität eines Erdbebens zu bemessen, haben die Erdkundler vor Zeiten Skalen erstellt. Sie heißen Mercalli-

oder Richter-Skala. Ein Erdbeben kann nach deren Begrifflichkeit bezeichnet werden als: „unmerklich“, „sehr leicht“, „leicht“, „mäßig“, „ziemlich stark“, „stark“, „sehr stark“, „zerstörerisch“, „verwüstend“, „vernichtend“ und „katastrophal“.

In Anlehnung an diese Nomenklatur kannst du jedes erdenkliche Wort zum Bestandteil einer an- oder absteigenden Skala machen: die „Duden-Skala“ eignet sich, um innerhalb eines Wortfelds („Pferd“) z. B. Wert- („Renner“) oder Geringschätzung („Schindmähre“) zum Ausdruck zu bringen. Sie kann aber auch ermitteln helfen, wie intensiv man abgestuftermaßen sprechen kann: So würde Carlota das Sprechverb „plaudern“ auf ihrer Duden-Skala vielleicht auf der Intensitätsstufe 2 ansiedeln, das Verb „anschreien“ hingegen auf der höchsten Stufe 7 verorten.

ABLAUF

Laura und Mette wollen die Intensität der zusammengetragenen Vokabeln im Wortfeld „sprechen“ erkunden. Sie sind dabei auf zwei Ebenen schöpferisch tätig: Zum einen sortieren sie die Wörter des Wortfelds nach ihrem Gusto. Zum anderen aber setzen sie für die einzelnen Stufen ihrer Duden-Skala eigene Begriffe ein: Da sie sich vorgenommen haben, die Lautstärkegrade des Wortfelds zu bemessen, sammeln sie sieben „akustische Adjektive“, bevor sie die einzelnen Wörter zuteilen:

„Stufe 1/sehr leise: flüstern – wispern; Stufe 2/leise: raunen – tuscheln; Stufe 3/unauffällig: sprechen – reden; Stufe 4/auffällig: tönen; Stufe 5/bemerkenswert: dröhnen – rufen; Stufe 6/beeindruckend: schreien – brüllen; Stufe 7/besorgniserregend: kreischen“

TIPP: 1. Mit Verben beginnen. 2. Schüler:innen ermuntern, bei der Performance alle mimischen, gestischen und stimmlichen Möglichkeiten auszuschöpfen. 3. Metaphorische Redeweisen „zum Steine erweichen bitten“ gelten lassen – im Hinblick darauf, wie fundamental die allmähliche aktive Verwendung idiomatischer Wendungen und bildhafter Ausdrucksweisen ist. Zum Abschluss tragen sie ihre *Duden-Skala* in der Kreiskartoffel vor.

Wodurch: Die leitende Instanz hier ist das Ohr (II.4).

Text: Busfahrgeschichten / Haltestellen-Hollywood

Wo: bei sich selbst
Womit: Notizheft, Textheft
Wofür: „Identität ausdrücken“– „Texte angemessen formulieren“ – „gedanklich geordnet formulieren“ – „Texte zur persönlichen Entwicklung nutzen“ – „Feedback zu Texten anderer formulieren“ – „flüssig formulieren“ – „Texte überarbeiten“ – „kritisch reflektieren“ – „sich mit anderen austauschen“ – „orthographisch schreiben“

IDEE AUF EINS

Die Notizen von der Aufgabe „Bus fahren, Geschichten sammeln“ vertexten.

VORBEREITUNG FÜR DICH

Mach es dir für einen Moment in deinem Mußemusensessel bequem. Gehe in dich: Wer oder was ist dir vor Kurzem in einem Bus, in einer Bahn begegnet? Notiere es in dein persönliches Notizheft.

ABLAUF

Du trägst deine Notiz der Klasse vor. Mariam und Natalya folgen deinem Beispiel, nehmen ihre Notizen her und verschriften sie im Textheft noch einmal.

DIFFERENZIERUNG TÖRN NUTZEN

Wenn Danylo sich am Tisch im Klassenzimmer erinnert, wie er am Nachmittag zuvor in den Stadtbus stieg und etwa einen älteren Herrn beobachtete, der mehrere pralle Tüten auf den Sitz neben sich häufte, so hat Danylo nun mittlerweile 42 Begriffe von Weisen, sich zur Welt zu verhalten, in sich versammelt, mit deren Hilfe er Sätze formulieren kann wie: „Ein Mann türmt seine vielen Tüten aufeinander“ („ungefähr“ Dreh 41), „Er versucht, die Tüten in der Kurve zu bändigen. („ziemlich“ Dreh 27) oder „Mit seinen Händen versucht der Mann, die Tüten vor dem Umfallen zu bewahren (Dreh 36).

14. Runde vierzehn – „Geballte Ladung“

Laut: „Blabb!“ mit „O“ und „Ö“ – s. o. Runde eins

Wir machen vollmundige, gut gelaunte „Einzelwortmusik“. Nebenbei vergleichen wir ausgesuchte Lautklänge mit ihren Schriftbildern.

1. „oho!“ – 2. „ob“ – 3. „öfters“ – 4. „Öffis“ – 5. „schön“ – 6. „Romantische Oper“ – 7. „obwohl“ – 8. „Komm doch!“ – 9. „London“ – 10. „Ozelot“ – 11. „tosen“ – 12. „trösten“

Ritual laut: Wörtertanz „Travemünde“

Wo: im „Wachmach“
Womit: eigene Füße, M7 Wörtertänze
Wofür: „orthographisches Schreiben“ anbahnen – „sprachliche / gestalterische Mittel sammeln“ – „Laut“ – „Buchstabe“ – „Silbe“ – Wortschatz – „Rechtschreibung“ – Ausdruck – Lust an der Selbstwirksamkeit – Bewegung – Verknappung – Wortbildung – genau hinhören – Hören und Bewegen aufeinander abstimmen – Komposita – Rhythmus und Kommunikation – Begriffsbildung

IDEE AUF EINS

Wir lernen verschiedene Wörtertänze kennen und bekommen so in den nächsten Runden ein Gefühl für Silben, Wörter und Wortbildung in die Füße und Beine, das uns nie wieder verloren gehen wird.

VORBEREITUNG FÜR DICH

Ob „Morgengrauen“, „Abendstille“, „Fahrradpanne“ oder „Liebeskummer“ – die „Fließewörter“ des „Travemünde“ sind auf eine Weise „nichts anderes“ als „doppelte Münchner“.

„Fließewörter" tanzen sich gemessener, „gedankenvoller", auch „abgeklärter" als die kürzeren trochäischen Zweisilbler.

ABLAUF

Schiebt euren Stuhl wieder nah an den Tisch. Stellt euch dahinter und – habt Spaß am responsorischen Hin- und Her-Rufen von Wörtern mit diesem Rhyhtmus:

„Kleiderhaken" – „Rinderbraten" – „Schaukelstühle" – „Jammerlappen" – „Halligalli" – „Überwindung"

Wodurch: Die leitende Instanz hier ist der Rhythmus (II.9).

Ritual leise: Bewegungs-TÖRN 1 – 42

Wo: im Wachmach
Womit: eigene Hände u. Arme
Wofür: „sich verständigen" – „sich mit sprachlicher Vielfalt auseinandersetzen" – „erzählen" – „sprachliche Vielfalt gezielt nutzen" – „erklären" – Begriffsbildung – Denken in Sprache – Wortschatz – Imagination – Erzähl-/Schreibstrategie – Satzbau

Wir wiederholen :

- Dreh eins bis sieben / „Strömungen"
- Dreh acht bis 14 / „Richtungen"
- Dreh 15 bis 21 / „Tastungen"
- Dreh 22 bis 28 / „Griffe"
- Dreh 29 bis 35 / „Mengungen"
- Dreh 36 bis 42 / „Ordnungen/Bildungen"

Ritual leise: Echobus – s. o. Runde elf

Wir ahmen chorisch und hochkonzentriert sehr absichtsvolle sprachliche Äußerungen nach.

Stoff: Möwenlied von Christian Morgenstern

Wo: in der Kreiskartoffel
Womit: Vortragsblatt M3
Wofür: Konzentration – Wortschatz – kulturelle Teilhabe – „Texte verstehen" – „Texte erschließen" – „Verstehen und Nicht-Verstehen zum Ausdruck bringen – „Bezüge herstellen" – „kritisch reflektieren" – „Wertungen zu Texten formulieren und begründen" – „Texte in Hinblick auf Themen vergleichen" – „sich mit anderen zu Textwertungen austauschen" – „sich verständigen" – „sich mit sprachlicher Vielfalt auseinandersetzen" – „aufmerksames Zuhören" – „sich Wissen aneignen" – „Aussagen beurteilen"

IDEE AUF EINS

Durch Vorlesen, Zuhören und Reflektieren von Gedichten eine grundlegende Sprach-, Fühl- und Denkfreude entfalten.

VORBEREITUNG

Mach es dir angenehm. Sprich dir das Möwenlied, mal murmelnd, mal rezitierend zu deinem eigenen Kunstgenuss selber vor.

Möwenlied (Christian Morgenstern)

Die Möwen sehen alle aus,
als ob sie Emma hießen.
Sie tragen einen weißen Flaus
Und sind mit Schrot zu schießen.

Ich schieße keine Möwe tot,
ich lass sie lieber leben –
und füttre sie mit Roggenbrot
und rötlichen Zibeben.

O Mensch, du wirst nie nebenbei,
der Möwe Flug erreichen.
Wofern du Emma heißest, sei
zufrieden, ihr zu gleichen.

(In: Maintz, Christian (Hrsg.) (2000): Der Bär verspürt an manchen Tagen ein rätselhaftes Unbehagen. München: Sanssouci, S. 29)

ABLAUF

Du liest das Gedicht mehrmals vor. Es geht ausdrücklich nicht um Interpretation oder Analyse.

ICH, DU, ER, SIE, IHR, WIR ALLE

Ein Gedicht spannend oder uninteressant zu finden, darüber lohnt es sich auszutauschen. Für Gefallen gibt es Gründe.

Wodurch: Die leitende Instanz hier ist die Überlieferung (II.10).

Spiel: Apropos, Wiederholung – s. o. Runde eins

Wir plaudern reihum drauflos, fallen uns überraschend ins Wort – oder eben gerade nicht.

Übung: Wortschatz-TÖRN 43 – 49

Wo: am Austauschtisch
Womit: eigene Hände
Wofür: „sich verständigen" – „sich mit sprachlicher Vielfalt auseinandersetzen" – „erzählen" – „sprachliche Vielfalt gezielt nutzen" – „erklären" – Begriffsbildung – Denken in Sprache – Wortschatz – Imagination – Erzähl-/Schreibstrategie – Satzbau

IDEE AUF EINS

Eine im Körper abrufbare Matrix für Wortschatz und Gestaltungsideen aufbauen.

VORBEREITUNG

Du machst es dir wieder in deinem Sessel bequem. Deine Hände brechen auf zur letzten Siebenerreihe, den „Zu-/Lassungen" oder „Endungen". Zunächst nimmt deine rechte oder linke Hand sich die Gelegenheit, die andere Hand – ohne dir wehzutun – abzu„schlagen" (Dreh 43), so dass die bis einschließlich Dreh 42 aufrecht erhaltene Ordnung als ein „Händeklumpen einstürzt“ (Dreh 44). Was fängst du mit den abgeschlagenen, abgestürzten Händen an? Du lässt den amorph gewordenen Händeklumpen sich lösen (Dreh 45). In gelöstem Zustand „zucken“ beide Hände (Dreh 46), woraufhin sie „schrumpfen“ (Dreh 47) – und immer mehr „dahinschwinden“, bis sie sich vollends „tilgen“ (Dreh 48), unauffindbar machen, dort „verweilen“ (Dreh 49), wo alle Bewegung „ruht“, wo alle Möglichkeiten, sich zu rühren, „schweigen“; wo das Nichts „gähnt“, wo das Künftige in einem horchenden Nullraum „klafft“ und „horcht“. Mit dieser letzten, einer „Nullbewegung“, endet TÖRN – um sich mit dem nächsten Impuls erneut aktiv im Reich der Bewegungen auszudehnen (Dreh 1).

ABLAUF

Du stehst vor der Klasse und kommentierst, was du mit deinen Händen tust. Die Klasse bewegt ihre Hände dir nach.

Wodurch: Die leitende Instanz hier ist die Fantasie (II.5).

Text: Heftkritik & Spielberatung – s. o. Runde fünf
Du gibst im Plenum Rückmeldungen und bietest der Klasse an, dir Textbeiträge zur Begutachtung einzureichen.

Alle: Wort- und Spiel-Parlament – s. o. Runde neun
Möglichkeit für Manöverkritik und Verbesserungen.

15. Runde fünfzehn – „Immer wieder gern!“

Laut: „Blabb!“ mit „P“, „Q“ und „R“ – s. o. Runde eins
Wir machen vollmundige, gut gelaunte „Einzelwortmusik“. Nebenbei vergleichen wir ausgesuchte Lautklänge mit ihren Schriftbildern.

1. „Plopp!“ – 2. „Häppchen“ – 3. „stapeln“ – 4. „schnippen“ – 5. „Tulpe“ – 6. „Quatsch“ – 7. „Quark“ – 8. „Aqua“ – 9. „rar“ – 10. „irre“ – 11. „rosenrot“ – 12. „Rohr“ / „Röhre“

Laut: „Sprechen und machen“ – s. o. Runde eins
Wir erkunden den Körper. Welche Wörter und Taten kann ich mithilfe meiner Arme, Beine, Hände usw. aufrufen und verkörpern?

Ritual laut: Wörtertanz „Wiesbaden“

Wo: im „Wachmach“
Womit: eigene Füße, M7 Wörtertänze
Wofür: „orthographisches Schreiben“ anbahnen – „sprachliche / gestalterische Mittel sammeln“ – „Laut“ – „Buchstabe“ – „Silbe“ – Wortschatz – „Rechtschreibung“ – Ausdruck – Bewegung – Verknappung – Wortbildung – genau hinhören – Hören und Bewegen aufeinander abstimmen – Komposita – Rhythmus und Kommunikation

IDEE AUF EINS

Wir lernen verschiedene Wörtertänze kennen und bekommen so in den nächsten Runden ein Gefühl für Silben, Wörter und Wortbildung in die Füße und Beine, das uns nie wieder verloren gehen wird.

VORBEREITUNG FÜR DICH

Wie empfindest du den Rhythmus dieser vier Wörter:

„Teekanne“ – „Vorliebe“ – „Tanzstunde“ – „Mülltrennung“?

Es handelt sich um Dreisilber, die aus zwei Stammsilben am Anfang und einer abschließenden Nebensilbe bestehen. Auch die seltenere Variante „Ostfríeslánd“ hat es von ihrem Binnenmetrum her in sich: Einer unbetonten Auftaktsilbe folgen zwei pfundige Hauptsilben im Anschluss:

„Verbundpass“ – „Beweispflicht“ – „Geburtstag“ – „Gemeinheit“

Ich nenne diese typisch deutschen Wortrhythmen „Schwappwörter“, weil sie ihre Silben koordinieren, wie Wellen, die in der ruhigen Uferzone eines Sees anlanden.

ABLAUF

Du schreibst drei Schwappwörter an die Tafel, z. B.:

„Steckdose“ – „Knopflöcher“ – „Schuldöner“

Ab jetzt improvisiert ihr auf Zuruf weitere Beispiele.

Es geht hier im Ritual nicht darum, viele Wörter zu finden. Eher nützt es, eine Handvoll Beispielwörter ganz bewusst „in die Füße“ zu kriegen.

Und dann schiebt euren Stuhl wieder nah an den Tisch. Stellt euch dahinter und – habt Spaß am responsorischen Hin- und Herrufen von Wörtern mit diesem Rhythmus.

„Busfahrer“ – „Wegkreuzung“ – „Fußballer“ – „Grasdackel“ – „Kuhherde“ – „Fischbecken“ – „Stehlampe“ – „Buntstifte“ ...

Wodurch: Die leitende Instanz hier ist der Rhythmus (II.9).

Ritual leise: Bewegungs-TÖRN 1 – 49

Wo: im „Wachmach“
Womit: eigene Hände u. Arme
Wofür: „sich verständigen“ – „sich mit sprachlicher Vielfalt auseinandersetzen“ – „erzählen“ – „sprachliche Vielfalt gezielt nutzen“ – „erklären“ – Denken in Sprache – Wortschatz – Imagination – Erzähl-/Schreibstrategie – Satzbau

Wir wiederholen
- Dreh eins bis sieben / „Strömungen“
- Dreh acht bis 14 / „Richtungen“
- Dreh 15 bis 21 / „Tastungen“

- Dreh 22 bis 28 / „Griffe“
- Dreh 29 bis 35 / „Mengungen“
- Dreh 36 bis 42 / „Ordnungen/Bildungen“
- Dreh 43 bis 49 / „Zu-/Lassungen/Endungen“ waren: „schlagen/stoßen“, „stürzen/fallen“, „stückeln/lösen“, „zucken“, „schrumpfen“, „tilgen“ und „ruhen“

Ritual leise: Echobus – s. o. Runde elf

Wir ahmen hochkonzentriert absichtsvolle sprachliche Äußerungen nach.

Stoff: Ich hätte einen Vogel von Timo Brunke

Wo: in der Kreiskartoffel
Wofür: Konzentration – Wortschatz – kulturelle Teilhabe – „Texte verstehen“ – „Texte erschließen“ – „Verstehen und Nicht-Verstehen zum Ausdruck bringen / produktiv bzw. reflektierend umgehen – „kritisch reflektieren“ – „Wertungen zu Texten formulieren und begründen“ – „sich mit anderen zu Textwertungen austauschen“ – „sich verständigen“ – „sich mit sprachlicher Vielfalt auseinandersetzen“ – „aufmerksames Zuhören“

IDEE AUF EINS

Durch Vorlesen, Zuhören und Reflektieren von Gedichten eine grundlegende Sprach-, Fühl- und Denkfreude entfalten.

VORBEREITUNG

Ich hätte einen Vogel (Timo Brunke)

Ich hätte einen Vogel
Hat mir ein Freund gesagt
Ich hätte eine Meise
Da hab ich mich gefragt:

Was könnte da denn dran sein
Vielleicht ist da was dran?
Nun bin ich hier und grüble:
Schließt ihr euch der Meinung an?

Ich hab doch nie im Leben
'Nen Vogel je gehabt
Ich hatte mal 'nen Goldfisch
In einem Goldfischglas.

Doch tschilp ich recht: 'ne Meise
Hat mir nie zizibäht
Zilpzalpnoch mal, zum Kuckuck
Das tschilpt doch abgedreht!

Ich schnab' doch keinen Vogel
Was denxt ziz der djenn nur:
Räpräp tscherpitz srihsrihöh
Dixdix – ich hab Kultur!

Zississ – düdelütjo
Zississ hüit teckteck
Tchetchetchet-zjuckzjuck rerrr-örrr
Schilpschilp tscheckscheckscheckscheck!

Tschi tschitratschitratschitra!
Sisisisisi-särr!
Hu wudwudwudwud – psüüiip!
hu huu hu – rärr-rärr-rärr!

Gouk ogogogog – kickeck!
Zörretettgepgepgirrr!
düdüdütschucketschucke
Kvikvikvikvikvik-djirrr!

Zizizjezjadzjadwoidjio
Kittkittkittkiärrdjilieps
Duridjoklüit zilp kuckck
Ich haube, bei djem piept's!

(In: Orpheus downtown. Luzern: Verlag Der gesunde Menschenversand (2015) S. 139)

ABLAUF

Du liest das Gedicht mehr als ein Mal vor. Es geht um die persönliche Begegnung und ausdrücklich nicht um stimmige Interpretation oder Analyse

ICH, DU, ER, SIE, IHR, WIR ALLE

Weil auch mein eigenes Gedicht kaum für alle gleich viel taugen kann: Haltet dennoch zusammen das Interesse für Poesie aufrecht. Ein Gedicht spannend oder uninteressant zu finden, darüber lohnt es sich auszutauschen. Für Gefallen oder Ablehnung gibt es Gründe.

Wodurch: Die leitende Instanz hier ist der Klang (II.7).

Spiel: Fragengewürfel

Wo: am Austauschtisch, an der Spiellinie
Womit: Würfel
Wofür: „sich verständigen“ – „soziales Handeln“ – „sprachliche Strukturen gezielt nutzen“ – „erzählen“ – „Präsentation“ – Konzentration – Spaß – „Kernwörter“ – „sichere Worterkennung“ – „Sprechen und Zuhören“

IDEE AUF EINS

Ein Würfelspiel für die Tischtandems, das alle relevanten Fragewörter bündelt.

VORBEREITUNG

Metehan und Marko (Inklusionsschüler mit Lernförderbedarf) beschriften zwei Würfel mit insgesamt 12 Fragewörtern: „Wo – wann – wie – warum – was – wozu – wie viel – wie oft – wer – wie lang – wohin und woher. Als dritten und vierten Würfel nehmen sie die bekannten Würfel mit Anfangsbuchstaben (Niveau 1) hinzu.

ABLAUF

Metehan und Marko würfeln:
Marko (würfelt): „wohin“ – Metehan (würfelt): „I“ – Marko: „Wohin läuft der Igel?“

Die Sätze können ins bekannte Notizheft geschrieben und dadurch wertgeschätzt werden.

Wodurch: Die leitende Instanz hier ist das Spiel (II.1).

Spiel: Marken umbenennen

Wo: am Austauschtisch
Womit: Notizheft
Wofür: „Identität ausdrücken“– Namensgebung – Irritation – Weltwissen – Spaß – „sich mit sprachlichen Strukturen auseinandersetzen“ – „kritisch reflektieren“

IDEE AUF EINS

Aus den beiläufigen Alltagserfahrungen mit Markenprodukten Funken schlagen für ein „Ich mach mir die Welt, wie sie mir gefällt“-Spiel.

VORBEREITUNG FÜR DICH

An Bushaltestellen, Bahnsteigen, in Unterführungen und an Gebäudefassaden – Werbung ist überall. Aber was bedeuten eigentlich die vier Buchstaben, die dem Supermarkt an der Ecke seinen Namen geben? Und was, wenn ebendiese vier Buchstaben einfach nur dazu da sind, meine Fantasie anzuregen? Was, wenn ich die Autos einer ganz bestimmten Marke einfach anders nenne, als die Autohersteller selbst?

ABLAUF

Du ermunterst die Klasse dazu, zu dem eigenen Leben mit all den vielen Produkten für eine Spiellänge auf Distanz zu gehen.

Nenne den Supermarkt um die Ecke um. Plötzlich heißt REWE nicht mehr REWE, sondern WERE oder EBEB oder „Radieschen“.

Dann sagst du plötzlich nicht mehr „Ich muss kurz rüber zum REWE!“, sondern: „Ich gehe kurz zum Radieschen!“ Das klingt zwar zunächst sehr seltsam, aber gib acht: „REWE“ klingt in Wahrheit nicht besser, nur langweiliger.

Warum sollte ein Mercedes nicht montags nach einem Küchengewürz (Oregano), dienstags nach deinem Vornamen und mittwochs nach deinem Lieblingsfußballer benannt werden? Dann würde es heißen: „Das ist der neue Oregano! – Elegant, elegant!“ Oder: „Darf ich dich in meinem Timo mitnehmen?“ Oder: „Der neue Ronaldo – unberechenbar!“

Die Tischtandems gehen zu Doppeltandems zusammen und tauschen sich untereinander über ihre Kreationen aus. Die schönsten Funde kommen erst ins Heft SCHNELL und dann ins Heft SCHÖN.

Wodurch: Die leitende Instanz hier ist: das Denken (III.12).

Übung: TÖRN Satzauflauf 1 – 49 & du, sie, er, es, wir, ihr, ich

Wo: am Austauschtisch
Womit: eigene Hände
Wofür: „sich verständigen“ – „sich mit sprachlicher Vielfalt auseinandersetzen“ – „erzählen“ – „sprachliche Vielfalt gezielt nutzen“ – „erklären“ – Begriffsbildung – Denken in Sprache – Wortschatz – Imagination – Erzähl-/Schreibstrategie – Satzbau

IDEE AUF EINS

Die Klasse tauscht sich tischweise über die bisher verhandelten Bewegungen aus. Anhand der Fürwörter „du“, „sie“, „es“, „er“, „wir“, „ihr“ und „ich“ entstehen immer mehr vollmundige Formulierungen darüber, was diese Bewegungen bedeuten, wofür sie stehen könnten.

VORBEREITUNG

Du schreibst die überschaubare Zahl Pronomen an die Tafel:

Das Fürwörter-Brimborium
diese, dieser, dieses, dies, jenes, jene, jener, der da, ich, du, sie, es, er, ihr, wir, sie alle, mein, meine ...

ABLAUF

Nurit und Valentina „törnen“ sich gegenseitig an. Mittlerweile habt ihr sämtliche Bewegungen zu eurer Verfügung:

- Dreh eins bis sieben / „Strömungen“
- Dreh acht bis 14 / „Richtungen“
- Dreh 15 bis 21 / „Tastungen“
- Dreh 22 bis 28 / „Griffe“
- Dreh 29 bis 35 / „Mengungen“
- Dreh 36 bis 42 / „Ordnungen/Bildungen“
- Dreh 43 bis 49 / „Zu-/Lassungen/Endungen“ waren: „schlagen/stoßen“, „stürzen/fallen“, „stückeln/lösen“, „zucken“, „schrumpfen“, „tilgen“ und „ruhen“

Wodurch: Die leitende Instanz ist hier die Fantasie (II.5).

Text: Wortlautleckerwissen

Wo: am Austauschtisch
Womit: Notizheft
Wofür: „sich mit sprachlicher Vielfalt auseinandersetzen" – „erzählen" – „sprachliche Vielfalt gezielt nutzen" – „erklären" – Begriffsbildung – Denken in Sprache – Wortschatz – Imagination – Erzähl-/Schreibstrategie – Satzbau – künstlerische Forschung – ästhetische Urteilskraft – beobachten – Standpunkt finden und vertreten – Spaß

IDEE AUF EINS

Wer findet das Wort mit den meisten verschiedenen Lauten – oder das Wort mit den sperrigsten Konsonanten? In Tandems oder Kleingruppen die Laute im Hochdeutschen lautierend untersuchen und in eigene, frei gestellte Kategorien einteilen.

Einem Wort in seinen lautlichen Bestandteilen einzeln nachspüren und zwischen Inhalt und Form Beziehungen knüpfen. Dann die Wörter den anderen vorstellen und favorisieren.

VORBEREITUNG

Tut euch zu Doppeltandems zusammen. Jedes gibt sich selbst ein Wort oder lässt sich eines geben.

ABLAUF

Du sagst:

Du: „Ich möchte euch gern um eure Einschätzung bitten. Und zwar bin ich auf der Suche nach dem deutschen Wort, das am meisten Klang- oder Geräuschwert hat. Jetzt bin ich fündig geworden: ‚Schaschlikspieß'. Das brutzelt so. Was meint ihr?" – Mette: „Für mich ist das lautvollste Wort, ganz klar: ‚huschhusch'! Yaron: „Und für mich – ich weiß nicht, wo du deine Ohren hast – ganz klar ‚prasseln'."

Toni wählt für sich das Wort „Blut". Nun muss er herausfinden, auf welche Weise die Laute „B", „L", „U" und „T" dazu beitragen, das Wort „Blut" zu kreieren. Toni könnte sagen:

Toni: „Das ‚B' steht für die Haut. Das ‚L' bedeutet das Herausquillen der roten Flüssigkeit. Das ‚U' steht für den Schmerz, den der Mensch hat, wenn er blutet. Das ‚T', das sind die Tropfen vom Blut, wenn sie auf den Boden tropfen."

VARIANTE: Zusätzlich zu „Blut" noch das *klangliche* Gegenwort finden und bearbeiten. Bei „Blut" könnte das z. B. das Wort „Amerika" sein. „Amerika" klingt weit, hell, nach Fahren auf der Autobahn, nach Sonnenschein. Apropos: „Sonnenschein" könnte auch ein Gegenwort zu „Blut" sein, weil …

Wodurch: Die leitende Instanz hier ist der Klang (II.7).

Foto 9: Im Wort- und Spiel-Parlament: „Streckt bitte. Wer ist dafür, dass wir die Spielregel erweitern?"

Viertes Quartal: steigern

16. Runde sechzehn – „Von wegen ‚müde'"

Laut: „Blabb!" mit „S" – s. o. Runde eins

Wir machen vollmundige, gut gelaunte „Einzelwortmusik". Nebenbei vergleichen wir ausgesuchte Lautklänge mit ihren Schriftbildern.

1. „süß!" – 2. „sausen" – 3. „Ass" – 4. „Aas" – 5. „Wiese" – 6. „Dachs"/„Dax" – 7. (Achtung ein „falsches S", in Form eines „sch") „husch-husch!" – 8. „was" – 9. „sehr" – 10. „Soso" – 11. „Haus" – 12. „Sößchen"

Ritual laut: Wörtertänze „Tübingen", „Paderborn"

Wo: im Wachmach
Womit: eigene Füße, M7 Wörtertänze
Wofür: „orthographisches Schreiben" anbahnen – „sprachliche / gestalterische Mittel sammeln" – „Laut" – „Buchstabe" – „Silbe" – Wortschatz – „Rechtschreibung" – Ausdruck– Lust an der Selbstwirksamkeit – Bewegung – Verknappung – Wortbildung – genau hinhören – Hören und Bewegen aufeinander abstimmen – Komposita – Rhythmus und Kommunikation – Begriffsbildung

IDEE AUF EINS

Weitere dreisilbige Wörter und Redewendungen mit den Füßen erkunden.

VORBEREITUNG

„Tübingen"-Wörter tanze ich gern, indem ich mich dabei um die eigene Achse drehe. Aber es ist auch ein gutes Gefühl, zu diesem Dreiermetrum vorwärts, rückwärts oder zur Seite zu gehen. Echte Walzerwörter „Tübingen" enthalten nur eine Stammsilbe am Wortanfang wie z. B. Énzian", „Gróbian" oder die eingewanderten Wörter „Drácula" und „Ózean". Sie sind ziemlich selten.

Auf den Tanz „Tübingen" antwortet der „Paderborn"-Tanz. (Er heißt so, weil die Menschen, die in Paderborn leben, den Namen ihrer Stadt erst auf der dritten Silbe betonen.) Dieser Rhythmus kommt im Deutschen gern auch in ganz alltäglichen Wortverbindungen vor, beispielsweise: „in der Tat", „Komm mal her!", „und das heißt", „Es geht los!" usw.

Wie viele betonte Silben hat nun ein Wort wie „Papagei"? Wörter sind Situationsgeschöpfe: Vielleicht hast du dieses Wort auch schon auf drei verschiedene Weisen ausgesprochen: „Pápagei", „Pápagéi" und als „Papagéi". Die letzte ist die im Wörterbuch vertretene Version. Aber wir stimmen mit dem Leben und mit der Zunge ab. Und so gebiert die alltägliche Rede alle möglichen rhythmischen Varianten. Gestatte dir und deiner Klasse, die Akzente selbst zu entdecken. Wer hier wohl wie empfinden wird?

ABLAUF

Schiebt euren Stuhl nah an den Tisch. Stellt euch dahinter und – habt Spaß am Hin- und Her-Rufen von Wörtern mit diesen beiden miteinander verwandten Rhythmen:

„Tübingen": „mehrere" – „kleinere" – „reinliches" – „keinerlei" – „übrige" – „rötliche ..."

„Paderborn": „Macht das Sinn?" – „Dialekt" – „Hör doch auf!" – „immer mehr" – „immerhin" – „bis zum Schluss" – „monoton" – „Kommst du mit?"

Wodurch: Die leitende Instanz hier ist der Rhythmus (II.9).

Ritual leise: Bewegungs-TÖRN 1 – 49 s. o.

Wo: im Wachmach
Womit: eigene Hände u. Arme
Wofür: „sich verständigen" – „sich mit sprachlicher Vielfalt auseinandersetzen" – „erzählen" – „sprachliche Vielfalt gezielt nutzen" – Wortschatz – Imagination – Satzbau

Wir wiederholen

- Dreh eins bis sieben / „Strömungen": „dehnen/sich ausbreiten!", „sprühen/streuen", „schweben", „vor und zurück", „hin und her", „auf und nieder", „weiter"
- Dreh acht bis 14 / „Richtungen": „kurven", „runden", „inne", „peilen", „springen", „tauschen/wechseln", „gelangen/erreichen"
- Dreh 15 bis 21 / „Tastungen": „be-/rühren", „reiben/drücken", „balgen/raufen", „spannen", „drehen/spinnen/bohren", „verschränken/weben" und „schütteln/beben"
- Dreh 22 bis 28 / „Griffe": „fliehen/entwischen" – „pirschen/lauern", – „treiben" – „fangen/packen", „schlucken/verschlingen", „aufbäumen/stemmen/wehren", „brechen"
- Dreh 29 bis 35 / „Mengungen": „sondern", „wachsen", „ziehen/fördern", „sammeln", „füllen", „mischen", „deckeln"
- Dreh 36 bis 42 / „Ordnungen/Bildungen": „bergen/warten", „öffnen", „setzen/legen/stellen", „reihen", „bauen", „auftürmen/zuspitzen", „halten"
- Dreh 43 bis 49 / „Zu-/Lassungen/Endungen": „schlagen/stoßen", „stürzen/fallen", „stückeln/lösen", „schrumpfen", „zucken", „tilgen", „ruhen"

Wodurch: Die leitende Instanz hier ist die Fantasie (II.5).

Stoff: Der hinterlistige Heinrich von Wilhelm Busch

Wo: in der Kreiskartoffel
Womit: Vortragsblatt M3
Wofür: Konzentration – Wortschatz – kulturelle Teilhabe – „Texte verstehen" – „Verstehen und Nicht-Verstehen zum Ausdruck bringen" – „kritisch reflektieren" – „Wertungen zu Texten formulieren und begründen" – aufmerksam zuhören

IDEE AUF EINS

Durch dosiertes, aber ritualisiertes Vorlesen, Zuhören und Reflektieren eine grundlegende Sprach-, Fühl- und Denkfreude entfalten.

VORBEREITUNG

Such dir einen guten Ort, an dem du das Gedicht als Ganzes und mit allen Sinnen geistig-seelisch in dich aufnehmen willst.

ABLAUF

Du liest das Gedicht vor. Wenn Erik möchte, kann er es gern auch vorlesen. Es geht darum, herauszufinden: Gefällt mir „Der hinterlistige Heinrich"?

Der hinterlistige Heinrich (Wilhelm Busch)

Die Mutter sprach: „O Heinrich mein!
Nimm diese Brezen, sie sei dein!"
Der böse Heinrich denkt sich gleich:
„Jetzt fang ich Gänse auf dem Teich."
Ein junges Gänslein schwamm ans Land.
Schwapp! hat es Heinrich in der Hand.
Es schreit und zappelt fürchterlich;
Die Alten sind ganz außer sich.
Jetzt fasst die Gans den Heinrich an,
Wo sie zunächst ihn fassen kann.
Der Heinrich fällt auf seinen Rücken;
Am Ohr tun ihn die Gänse zwicken.
Sie fliegen dann, o weh, o weh!
Mit Heinrich fort und in die Höh'.
Hoch über seiner Mutter Haus
Da lassen sie den Heinrich aus.
Der fällt ganz schwarz und über Kopf
Der Mutter in den Suppentopf.
Mit einer Gabel und mit Müh'
Zieht ihn die Mutter aus der Brüh'.
Hier sieht man ihn am Ofen stehn. –
Dem Schlingel ist ganz recht geschehn!
Die Gänse aber voll Ergötzen
Verzehren Heinrichs braune Brezen.

(In: Halbey, Hans Adolf (Hrsg.) (1997): Von wegen – die lieben Kleinen. Zürich: Sanssouci, S. 13)

ICH, DU, ER, SIE, IHR, WIR ALLE

„Der hinterlistige Heinrich" wird nicht allen zusagen. Haltet dennoch zusammen das Interesse für Poesie aufrecht. Ein Gedicht spannend oder uninteressant zu finden, darüber lohnt es sich auszutauschen. Für Gefallen gibt es Gründe.

Wodurch: Die leitende Instanz hier ist die Überlieferung (II.10).

Spiel: Wildes Wort

Wo: in der Kreiskartoffel
Wofür: „vor anderen sprechen" – „sprachliche Mittel sammeln" – sprachliche Verständigung, Vielfalt – Strukturen nutzen – „erzählen" – Hören – Mut – Wechselspiel – sich einbringen – Rhythmus – Gegenwart – Spontanität – Spaß

IDEE AUF EINS

Wir bilden einen spontanen Kreis, stehend, im Klassenzimmer und halten einen Cypher ab, wie im Hiphop, nur ohne zu erwarten, dass wir rappen.

VORBEREITUNG

Lass dir sagen: Unter einem Cypher versteht ein Mitglied der Hiphop-Community eigentlich einen Ring von freestylenden Kumpels, die die Köpfe zusammenstecken, um nacheinander aus dem Stegreif zu rappen.

„Wildes Wort" mag als Vorbereitung dafür dienen, erfüllt aber auch für sich einen runden Zweck. Jede:r, die/der im Kreis steht, hat das Recht, sich zu Wort zu melden. Niemand unterliegt dabei einem Zwang. Du und die Klasse, ihr unterbietet in diesem Spiel einfach die übliche Erwartungshaltung an Sprache und Kommunikation: Ihr öffnet euch einer urwüchsigen Schaffensenergie, einer Inspiration, die eher von unten, aus dem Boden aufsteigt, als von oben herabkommt.

Das „Hier und Jetzt" eines „Frei-Sprech-Cyphers" kann so ein paar Minuten anschwellen, bis es womöglich in ansteckendem Gelächter auseinanderbricht (falls eine Eingabe gar zu komisch war) oder auf jede erdenkliche andere Art zu Ende geht. Also, bilden wir einen Kreis!

ABLAUF

Mette wirft als Erste ein Wort in den Ring, das Eis ist gebrochen – wir bewerten nichts, kommentieren nichts, es sei denn in Form des gemeinsamen Echos, indem wir Mettes Impuls wiederholen.

Mette: „Fett!" – Alle: „Fett!" – Erik: „Was geht!" – Alle: „Was geht!" – Helge: „Döner!" – Alle: „Döner!" – Roxanne: „Ich geh am Samstag ins Kino!!" – Alle: „Ich geh am Samstag ins Kino!" ...

Wodurch: Die leitende Instanz hier ist der Mund (II.8).

Spiel: Verbenverhör auf Speed

Wo: an der Spiellinie
Womit: Audioapp, Wettkämpfchenchronik M4, Verbenliste M8
Wofür: „sprachliche Strukturen gezielt nutzen" – „erzählen" – „informieren" – „appellieren" – „Präsentation" – „orthographische Zweifelsfälle klären" – „individuelle Fehleraufmerksamkeit"

IDEE AUF EINS

Die eine Wettkampfpartei prüft die andere auf ihre Kenntnis der starken Verbformen. Eine Liste mit starken Verbformen wandert von links nach rechts durch die Gruppe „Flur". Hat jedes Mitglied der Gruppe gefragt, wird die Liste an die gegnerische Gruppe übergeben. Dann fragt die Gruppe „Fenster" die Gruppe „Flur" aus.

VORBEREITUNG

Die Liste mit starken Verben aus dem Downloadbereich druckst du ein Mal aus. Du reichst sie der Gruppe, die zuerst fragen darf – das Los entscheidet.

ABLAUF

Dragica (drückt auf ‚Aufnahme') – Nurit (mit Liste in Händen): „gewinnen?" – Roxanne: „gewann!" – Raquel: „gewonnen!" – Marko (bekommt von Dragica die Liste): „graben?" – Clara: „grub!" – Sophia: „gegraben!"

NACHBEREITUNG: Jede falsche Verbform bedeutet für die anderen einen Punkt. Die Prüfkomission hört die Datei im Anschluss an die Runde ab und gibt das Ergebnis an dich weiter.

Wodurch: Die leitende Instanz ist das Spiel (II.1).

Foto 10: An der Spiellinie: sich begegnen, auftrumpfen, Spaß haben!

Übung: Krümel und Berg

Wo: am Austauschtisch, im Doppeltandem
Womit: Ideenskizze M9
Wofür: „Wortbildung" – „sich mit sprachlichen Strukturen auseinandersetzen" – Kombinationsvermögen – Sprachgefühl – Innovation – Spaß

IDEE AUF EINS

Wir verkleinern Dinge und Wörter, indem wir Suffixe erfinden oder aus anderen Sprachen verwenden.

ABLAUF

Wenn du dich fragst: Was ist kleiner als klein? – Ein Krümel z. B. Wenn ein Krümel noch zu groß ist, dann sollte er vielleicht ein Krümelchen genannt werden. Ist er immer noch zu „brockig" für das, was wir benennen wollen, dann hängen wir noch einen weiteren Diminutiv an. – So entsteht z. B. ein Krümeleinchen. Und jetzt gehen uns die deutschen Suffixe vielleicht schon aus. Aber warum nicht ins Italienische ausgreifen, ein Krüme-le-lein-nino-chen, zusammengeschrieben Krümeleleininochen, zur Welt bringen?

Wie ist das mit dem Berg als Gegenspieler zum Krümel?

Christopher: „Ein Berg!" – Nurit: „Ein Riesenberg!" – Jalte: „Ein Riesendinoberg!" – Natalya: „Ein Megariesendinoberg!" – Du: „Ein Megalogranderiesendinoberg!"

Welche Dinge finden sich noch, die durch Länge, Kürze, Breite, Höhe, Größe oder sonst eine Qualität darauf warten, von uns „gesteigert" zu werden?

Wir kommen im Plenum zusammen. Flugs wählen wir ein Phänomen aus. Eventuell ziehen wir auch ein Kärtchen (vorbereitet). – Entsprechend der Eigenschaft des Phänomens suchen wir Wörter, Wortteile, Silben, Vor- oder Nachsilben, die das Phänomen in seiner Eigenschaft sich über etwa fünf Stufen hinweg steigern lassen. Die „Silbenbäumchen" aus M9 können dabei helfen.

Wodurch: Die leitende Instanz hier ist die Form (II.11).

Übung: TÖRN Satzauflauf 1 – 49 & Adverbien

Wo: am Austauschtisch
Womit: eigene Hände
Wofür: „sich verständigen" – „sich mit sprachlicher Vielfalt auseinandersetzen" – „erzählen" – „sprachliche Vielfalt gezielt nutzen" – „erklären" – Wortschatz – Imagination – Erzähl-/Schreibstrategie – Satzbau

IDEE AUF EINS

Die Klasse tauscht sich tischweise über die bisher verhandelten Bewegungen aus. Anhand von Umstandswörtern wie „währenddessen", „umsonst", oder „plötzlich" entstehen immer mehr Formulierungen darüber, was diese Bewegungen bedeuten, wofür sie stehen könnten.

VORBEREITUNG

Du schreibst eine Auswahl Adverbien an die Tafel:

Das Adverbien-Brimborium
bald, schon, nur, dann, stundenlang, dort, immer, ziemlich, deshalb, andererseits, vielleicht, ganz, kaum, kopfüber, vergebens, sogar, vorgestern, überallhin ...

ABLAUF

Yaron konzentriert sich auf seine Hände. Er lässt Hü und Hoi, also seine linke und seine rechte Hand, sich reiben und drücken. Carlota gibt ihm von der Tafel ein Wort:

Carlota: „kaum!" – Yaron: „Wo bin ich? Ich bin gar nicht da. Aber meine Hände sind da. Meine Hände sind Bergplatten und kaum berühren sie sich, da schieben sie sich auch schon aufeinander und übereinander. Die Erdkrusten, im Zeitraffer, die schieben sich übereinander. Es sind keine Platten, es sind Krokodile. Kaum treffen sie sich, da fallen sie schon übereinander her."

Jeder Beitrag ist willkommen. TÖRN ist frei von Erwartungen.

Wodurch: Die leitende Instanz ist die Fantasie. (II.5).

Text: Struwwelpeteriade 1

Wo: in der Kreiskartoffel + bei sich selbst
Womit: Vortragsblatt M3, Hefte SCHNELL und SCHÖN
Wofür: „Identität ausdrücken"– „Texte angemessen formulieren" – „gedanklich geordnet formulieren" – „sich mit sprachlichen Strukturen auseinandersetzen" – „Schreiben"

IDEE AUF EINS

Aus Freude an Geschichten mit „starker Moral" in Schwarz-Weiß und in lustvoller, distanzierender Auseinandersetzung mit der Zeigefingerpädagogik der Vergangenheit selber im Plenum eine eigene Moritat erfinden.

VORBEREITUNG

Du liest die Geschichte vom „Fliegenden Robert" aus dem Struwwelpeter vor:

Die Geschichte vom fliegenden Robert (Heinrich Hoffmann)

Wenn der Regen niederbraust,
wenn der Sturm das Feld durchsaust,
bleiben Mädchen oder Buben
hübsch daheim in ihren Stuben.
Robert aber dachte: „Nein,
das muss draußen herrlich sein.
Und im Felde patschet er
Mit dem Regenschirm umher.
Hui, wie saust der Wind und keucht,
dass der Baum sich niederbeugt,
und den Schirm erfasst der Wind
und der Robert fliegt geschwind
durch die Luft so hoch, so weit –
niemand hört ihn, wenn er schreit!
An die Wolken stößt er schon
und der Hut fliegt auch davon.
Schirm und Robert fliegen dort
durch die Wolken immerfort
und der Hut fliegt weit voran,
stößt zuletzt am Himmel an.
Wo der Wind sie hingetragen,
nun, das weiß kein Mensch zu sagen.

(In: Hoffmann, Dr. Heinrich (2007): Der Struwwelpeter. Zürich: Diogenes)

Danach sammelt ihr an der Tafel verschiedene Unarten: Was könnte ein Mädchen, ein Junge anstellen oder immer wieder tun, so dass ihm oder ihr zum Schluss der Ballade ein dickes Ende beschert wird? Du führst auch die Ballade vom „Hinterlistigen Heinrich" (s. o. Stoff) nochmals an. Ihr einigt euch auf ein „Laster" und fangt einmal munter an, drauflos zu reimen.

TIPP: Wir schauen in den Notizheften nach, welche Ideen wir bei den „Minischicksalen" oder bei „Jens kann immer bügeln" aufgeschrieben hatten. Diese Ideen können wir hier gut gebrauchen.

ABLAUF

Alle Reim- und Versvorschläge werden an der Tafel mitgeschrieben. Das Schema der Erzählung ist gesetzt: die Unart wird vorgestellt, an ein, zwei Beispielen illustriert. Dann kippt der anfängliche Vorteil für die Hauptfigur in einen üblen Nachteil um. Das Ende darf drastisch ausfallen. Die Reime dürfen gern holpern. Wichtiger als reine Reime ist eine in sich hart-konsequente Erzählführung. Die (un)verdiente Strafe am Schluss rundet die Moritat ab.

Wodurch: Die leitende Instanz hier ist die Fantasie (II.5).

Alle: Wort- und Spiel-Parlament – s. o. Runde neun

Wir üben Manöverkritik, regen Verbesserungen im Plenum an und halten sie in der Chronik fest.

17. Runde siebzehn – „Rücken stärken!"

Laut: „Blabb!" mit „Sch", „T" und „tsch" – s. o. Runde eins

Wir machen vollmundige, gut gelaunte „Einzelwortmusik". Nebenbei vergleichen wir ausgesuchte Lautklänge mit ihren Schriftbildern.

1. „Schornstein" – 2. „barsch" – 3. „Dschungel" – 4. „stolz" – 5. „rasten" – 6. „Hatschi!" – 7. „Tatütata!" – 8. „Husten" – 9. „rutschen" – 10. (Achtung, „Besuch von woanders her") „Ciao!" – 11. „Wetterfrosch" – 12. (und noch einmal Obacht) „Charlottenburg"

Ritual laut: „Hannover"- und „Donauwörth"-Tanz

Wo: im Wachmach
Womit: eigene Füße, M7 Wörtertänze
Wofür: „orthographisches Schreiben" anbahnen – „sprachliche / gestalterische Mittel sammeln" – „Laut" – „Buchstabe" – „Silbe" – Wortschatz – „Rechtschreibung" – Ausdruck – Lust an der Selbstwirksamkeit – Bewegung – Verknappung – Wortbildung – genau hinhören – Hören und Bewegen aufeinander abstimmen – Komposita – Rhythmus und Kommunikation

IDEE AUF EINS

Anhand acht verschiedener Wörtertänze ein Gespür für die Wort- und Satzbildung unterhalb der rein kognitiven Ebene erwerben, ein Gespür für den Sound des Deutschen über die Füße erwerben.

VORBEREITUNG FÜR DICH

1. Bitte, steh bequem, dass du dir die von mir sogenannten „Wippwörter" zu Gemüte führen kannst, z. B. „beachtlich!". Ich tanze sie, ihren drei Silben und ihrer natürlichen Betonungsordung zufolge, erst mit einem kurzen Schritt, dann einem längeren, „steigenden" und wieder einem kurzen dritten Schritt: „kurz – lang – kurz" oder „unbetont – betont – unbetont". Wippwörter scheinen den drehenden Bewegungen des „Tübingers" und „Paderbor-

ners" zunächst ähnlich. Aber tanzt du eine längere Folge von Wippwörtern hintereinander weg, so entsteht eher ein additiver, gemessen schreitender oder, bei höherem Tempo, ein „stockend-eilender" Rhythmus:

„Hannover" – „vorüber" – „einander" – „bedenken" – „Arena" – „gebieten" – „verhindern" – „bekleiden" – „Liane"

2. Es lohnt sich, dir im Sinne besserer Unterscheidbarkeit, gleich noch das Gegenstück zum „Hannover", den „Donauwörth", vorzustellen.

„Komm doch her" – „immerhin" – „kolossal!" – „Nicht mit mir!" – „Lass mich los!" – „Bleib bei mir!"

ABLAUF

An der Tafel sammelt ihr zunächst schriftlich eine Handvoll Hannover-Wörter und ein paar Donauwörth-Wörter. Und dann schiebt ihr die Stühle wieder ganz nah an eure Tische, stellt, sprecht und bewegt euch frei!

(„1. SC Flur" übernimmt den „Hannover") Toni: „verschwunden" – Danylo: „Geheimnis" – Roxanne: „Ich weiß nicht." – Sophia: „Tarantel" ...
(Spvg „Fenster" übernimmt den „Donauwörth") Giulia: „Lieblingstier!" – Metehan: „Komm nur her!" – Mette: „Hau bloß ab!" – Nurit: „Nicht mit mir!" – Erik: „Im Revier" ...

Wodurch: Die leitende Instanz hier ist der Rhythmus (II.9).

Ritual leise: Bewegungs-TÖRN 1 – 49 – s. o. Runde sechzehn

Stoff: Apus apus (Der Mauersegler) von H. M. Enzensberger

Wo: in der Sitzkreiskartoffel
Womit: Vortragsblatt M3
Wofür: Konzentration – Wortschatz – kulturelle Teilhabe – „Texte verstehen" – „Verstehen und Nicht-Verstehen zum Ausdruck bringen" – „kritisch reflektieren" – „Wertungen zu Texten formulieren und begründen" – „sich mit anderen zu Textwertungen austauschen" – „sich mit sprachlicher Vielfalt auseinandersetzen" – „aufmerksames Zuhören"

IDEE AUF EINS

Ein Gedicht durch Kommentare und Umformulierungen vereinfacht in sich aufnehmen können.

VORBEREITUNG

Du lässt das Gedicht in Ruhe auf dich wirken.

Apus apus (Der Mausersegler) (Hans Magnus Enzensberger)
Er wiegt nur vierzig Gramm.
Monatelang lebt er in der Luft, ununterbrochen,
jagt, liebt und schläft hoch oben.
Er ist unbezähmbar.
„Herrschsüchtig, stürmisch, übermütig"
nennt ihn der alte Brehm.
Schrille Rufe im rasend kreisenden Schwarm,
wütende Kämpfe aus Eifersucht.
Unbeholfen am Boden, fliegt er mühelos
drei-, vier-, fünftausend Meter hoch
über unsre Köpfe hinweg.
In die Tropen.
Er ist windschnittig gebaut.
Er kommt ohne Radar aus.
Er trinkt im Gleitflug über die Wasserfläche hin.
Er ist wetterfühlig.
Lang segelt er bewegungslos mit der Thermik,
aber sein Sturzflug ist rasant.
Unsre Bewunderung geht ihn nichts an.

(In: Unbekannt (Hrsg.) (2018): Die Sorge hat der Zeisig entführt. Ostfildern: Jan Thorbecke)

ABLAUF

Du liest das Gedicht vor. Wenn Toni möchte, kann er es auch gern vorlesen. Es geht darum, herauszufinden: Gefällt mir „Apus apus (Mauersegler)"?

ICH, DU, ER, SIE, IHR, WIR ALLE

- einbinden: Marko und Metehan signalisieren dir: „Wir haben den Text auf das erste Hören hin nicht wirklich verstanden." Versuche dich in diesem Fall an einer mündlichen vereinfachten Fassung, z. B. so:

Er ist nur vierzig Gramm schwer.
Monatelang lebt er in der Luft, ununterbrochen,
jagt, liebt und schläft hoch oben.
Er ist wild.
(auslassen: „Herrschsüchtig, stürmisch, übermütig"
nennt ihn der alte Brehm.)
Schrille Rufe im rasend kreisenden Haufen,
wütende Kämpfe aus Eifersucht.
Ungeschickt ist er am Boden, doch er fliegt mühelos
drei-, vier-, fünftausend Meter hoch
über unsre Köpfe hinweg
in die Tropen. / nach Afrika.
Er ist windschnittig gebaut (wie ein Sportwagen).
Er kommt ohne Radar aus.
Er trinkt über der Wasseroberfläche, mitten im Flug.
Er kann jedes Wetter fühlen.
Lang segelt er bewegungslos mit der Thermik,
aber sein Sturzflug ist rasant.
Wir bewundern ihn. Und er – weiß davon nichts.

Wodurch: Die leitende Instanz hier ist das Denken (III.12).

Spiel: „Auf, Forderung! – subito!"

Wo: an der Spiellinie
Womit: Wettkämpfchenchronik M4
Wofür: „sich mit sprachlichen Strukturen auseinandersetzen" – „sprachliche Strukturen gezielt nutzen" – „appellieren" – Sprechakt / Handlungsdimension von Sprache – „Imperativ" – „Infinitiv" – „Singular" – „Plural"

IDEE AUF EINS

Wir stehen uns gegenüber und haben Spaß daran, von uns gegenseitig lauter Dinge zu fordern. So verstehen wir, was „Imperativ" heißt.

VORBEREITUNG

Gruppe „Flur" und Gruppe „Fenster" stellen, setzen, hocken sich wechselseitig gegenüber.

ABLAUF

Carlota beginnt und bildet ein Verb im Infinitv. Mette von der „Spvg Fenster" macht daraus „subito" den Imperativ. Dann schickt sie, genauso subito, einen Infinitiv zu Yaron hinüber, der rechts von Carlota in der Reihe der Flurleute steht. So geht es im Zickzack hin und her. TIPP: Je rarer das Verb ist, je weniger es zum 0815-Grundwortschatz zählt, desto mehr Chancen hat Christopher, dass sein Spielgegner Helge darüber stolpern wird. Joker: Wenn ein Teammitglied das von den anderen aufgerufene Verb nicht kennt, ruft es Joker – und jemand von den eigenen Leuten kann einspringen und den Imperativ bilden.

DIFFERENZIERUNG

Niemand soll sich „schlecht fühlen", wenn ihm oder ihr ein Verb fehlt bzw. er/sie die Bedeutung eines Verbs nicht weiß. Du kannst die Teams immer wieder ermutigen, untereinander solidarisch zu sein. Je besser ein Team sich intern hilft, desto stärker gerät seine Performance.

VARIANTE mit Singular/Plural: Carlota beginnt wieder, sie lässt sich ein Verb kommen und ruft es Mette auf der anderen Seite zu. Mette muss den Imperativ Singular bilden, eingebettet in einen Befehlssatz. Lara neben Mette ist danach dran mit dem Imperativ Plural. So kommt jedes Mitglied der Gruppe „Flur" mit Fragen dran. Die Antworten in der Gruppe „Fenster" wandern schneller durch die Reihe als die Frage in der Flurgruppe.

Valentina: „rauschen!" – Danylo: „Rausche, Computer!" – Gibran: „Rauscht, ihr Wellen!"

Wodurch: Die leitende Instanz hier ist das Spiel (II.1).

Übung: TÖRN Satzauflauf 1 – 49 & Präpositionen

> **Wo:** am Austauschtisch
> **Womit:** eigene Hände, M10 TÖRN-Übersicht
> **Wofür:** „sich verständigen" – „sich mit sprachlicher Vielfalt auseinandersetzen" – „erzählen" – „sprachliche Vielfalt gezielt nutzen" – „erklären" – Begriffsbildung – Denken in Sprache – Wortschatz – Imagination – Erzähl-/Schreibstrategie – Satzbau

IDEE AUF EINS

Die Klasse tauscht sich tischweise über die bisher verhandelten Bewegungen aus. Anhand von Präpositionen wie „durch", „über", „unter" entstehen immer mehr vollmundige Formulierungen darüber, was diese Bewegungen bedeuten, wofür sie stehen könnten.

VORBEREITUNG

Ihr macht euch die gängigen Präpositionen an der Tafel klar. Weil Gibran heute Geburtstag hat, darf er die Präposition auswählen, die jetzt für alle als Spielregel gelten soll. Gibran nimmt „durch". Als Ausgangspunkt für die „Sätzeschnitzel" wählt er dazu Dreh Nr. 13 „springen/stechen".

Präpositionen-Brimborium
außerhalb, binnen, exklusiv, nach, nördlich, westlich, südlich, östlich, über, unterhalb, nahe, durch

ABLAUF

Die Klasse legt sich ins Zeug, den abstrusesten, wildesten Satz zu bilden, der ihr mittels Dreh Nr. 12 und dem Wörtchen „durch" in den Sinn kommt:

Carlota: „Ich springe durch eine Fensterscheibe." – Maximilian: „Ich steche meinen gestreckten Zeigefinger durch meine Geburtstagstorte." – Erik: „Ich puhle mich als mein eigener Zeigefinger durch eine Zuckerwatte." – „Ich bohre mich durch diese Röhre, vollgefüllt mit Watte, aber ich kann schon das andere Ende sehen ..." – Mette: „Durchgesprungen – durch siebenundzwanzig Zirkusreifen!" – Toni: „Ich befehle dir, dass du mit deinem Fingernagel durch den Luftballon stichst!" – Nurit: „Ich springe für dich durch ein offenes Fenster – im Erdgeschoss!" – Jalte: „Es bohrt mich durch eine Tofuscheibe!" – Mariam: „Ich springe ein bisschen aus dem Fenster." – Christopher: „Jemand schmeißt mich durch eine Fensterscheibe im Wilden Westen." – Clara: „Mit dieser Bohrmaschine fräse ich mich durch die Wand." – Laura: „Meine Nase bohrt sich durch den Gestank."

Wodurch: Die leitende Instanz hier ist die Fantasie (II.5).

Übung: Krümel- und Berg-Variationen – s. o. Runde sechzehn

Wir erfinden neue Möglichkeiten, Wörter durch Suffixe zu pointieren.

Text: Struwwelpeteriaden im Tandem dichten – s. o. Runde sechzehn

Wer erfindet die pfiffigsten Reime für eine Moritat?

18. Runde achtzehn – „Wie seid ihr denn drauf!"

Laut: „Blabb!" mit „U" und „Ü" – s. o. Runde eins

Wir machen vollmundige, gut gelaunte „Einzelwortmusik". Nebenbei vergleichen wir ausgesuchte Lautklänge mit ihren Schriftbildern.

1. „Uhr" – 2. „Kuh" – 3. „Nanu?" – 4. „rundum" – 5. „huschen" – 6. „kurz" – 7. „durch" – 8. „Kanu" – 9. „Suppe" / „Süppchen" – 10. „Hupe" – 11. „hinüber" – 12. „grün"

Ritual leise: Bewegungs-TÖRN 1 – 49

Wo: im Wachmach
Womit: eigene Hände u. Arme, M10 TÖRN-Übersicht
Wofür: „sich verständigen" – „sich mit sprachlicher Vielfalt auseinandersetzen" – „erzählen" – „sprachliche Vielfalt gezielt nutzen" – „erklären" – Begriffsbildung – Denken in Sprache – Wortschatz – Imagination – Erzähl-/Schreibstrategie – Satzbau

Wir wiederholen

- Dreh eins bis sieben / „Strömungen": „dehnen/sich ausbreiten!", „sprühen/streuen", „schweben", „vor und zurück", „hin und her", „auf und nieder", „weiter"
- Dreh acht bis 14 / „Richtungen": „kurven", „runden", „inne", „peilen", „springen", „tauschen/wechseln", „gelangen/erreichen"
- Dreh 15 bis 21 / „Tastungen": „be-/rühren", „reiben/drücken", „balgen/raufen", „spannen", „drehen/spinnen/bohren", „verschränken/weben" und „schütteln/beben"
- Dreh 22 bis 28 / „Griffe": „fliehen/entwischen" – „pirschen/lauern", – „treiben" – „fangen/packen", „schlucken/verschlingen", „aufbäumen/stemmen/wehren", „brechen"
- Dreh 29 bis 35 / „Mengungen": „sondern", „wachsen", „ziehen/fördern", „sammeln", „füllen", „mischen", „deckeln"
- Dreh 36 bis 42 / „Ordnungen/Bildungen": „bergen/warten", „öffnen", „setzen/legen/stellen", „reihen", „bauen", „auftürmen/zuspitzen", „halten"
- Dreh 43 bis 49 / „Zu-/Lassungen/Endungen": „schlagen/stoßen", „stürzen/fallen", „stückeln/lösen", „schrumpfen", „zucken", „tilgen", „ruhen"

Stoff: Kopfstand von Uwe-Michael Gutzschhahn

Wo: in der Kreiskartoffel
Womit: Vortragsblatt M3
Wofür: kulturelle Teilhabe – „Texte verstehen" – „Texte erschließen" – „Verstehen und Nicht-Verstehen zum Ausdruck bringen" – „kritisch reflektieren" – „Wertungen zu Texten formulieren und begründen" – „sich mit anderen zu Textwertungen austauschen"

IDEE AUF EINS

Durch dosiertes, aber ritualisiertes Vorlesen, Zuhören und Reflektieren eine grundlegende Sprach-, Fühl- und Denkfreude entfalten. Gedichte in ihrer umfassenden Wirkung auf Geist und Seele selbstverständlich und individuell nahrhaft machen.

VORBEREITUNG FÜR DICH

Mach es dir angenehm. Such dir einen guten Ort, an dem du das Gedicht als Ganzes und mit allen Sinnen geistig-seelisch in dich aufnehmen willst.

Kopfstand (Uwe-Michael Gutzschhahn)

Es amseln die Zwitschern.
Es grillen die Zirpen.
Es pferden die Wieher.
Es bienen die Summen.
Es gänsen die Schnatter.
Es hirschen die Röhre.
Es enten die Quaken.
Es mäusen die Pfeife.
Es kühen die Muhe.
Es raben die Krächzen.
Es igeln die Kecker.
Es wölfen die Heule.
Es tauben die Gurren.
Es schweinen die Grunze.
Es hühnern die Gacker.
Es katzen die Fauchen.
Es schafen die Blöke.
Es hunden die Belle.

Die kopf steht Erde.
Aus den Gelden fällt Tasch.
Ich Leute euch sage:
Die Welt überrascht.

(In: Gutzschhahn, Uwe-Michael (Hrsg.) (2015): Ununterbrochen schwimmt im Meer der Hinundherring hin und her. München: cbj, S. 115)

Wie auch immer dir der lyrische Text gefällt – spüre dem kurz nach: Verbinde ich mich als Person mit ihm? Was gefällt mir selbst an ihm, aber was vielleicht auch nicht?

VORBEREITUNG IN DER KLASSE

Alle setzen sich bequem auf ihren Stuhl. Wer so besser lauschen kann, darf gern den Kopf auf den Tisch legen.

ABLAUF

Du liest das Gedicht mehr als ein ein Mal vor. Erst wenn du signalisierst, dass dein Vortrag zu Ende ist, beginnen wir das Gespräch. Wichtig ist: Es geht um die persönliche Begegnung, es geht hier ausdrücklich nicht um stimmige Interpretation oder Analyse. Ihr habt die Uhr gestellt. Mehr als vier Minuten muss die Begegnung nicht dauern.

ICH, DU, ER, SIE, IHR, WIR ALLE

Weil das Gedicht kaum allen taugt: Haltet dennoch zusammen das Interesse für Poesie aufrecht. Ein Gedicht spannend oder uninteressant zu finden, darüber lohnt es sich auszutauschen. Für Geschmack gibt es Gründe.

Wodurch: Die leitende Instanz hier ist das Denken (II.12).

Spiel: Namen, Nomen, na also

Wo: am Austauschtisch
Womit: Würfel
Wofür: sich mit sprachlichen Strukturen auseinandersetzen und nutzen – „orthographische Zweifelsfälle klären" – „individuelle Fehleraufmerksamkeit" – „Konsonanten" – „Vokale"

IDEE AUF EINS

Ein Würfelgrammatikspiel für ruhige Tischarbeit. Aus Adjektiven und Verben werden Substantive.

VORBEREITUNG

Nurit und Valentina beschriften ihre Würfel mit lauter kleinen Buchstaben.

ABLAUF

Sie formulieren Sätze und halten sie gegebenenfalls im Notizheft fest:

Nurit (würfelt „w", sagt): „weinen ... (und daraufhin:) beim Weinen" – Valentina (würfelt ein kleines „l"): „lang ... die Länge!" ...

VARIANTE: Sogar aus „normalen" Nomen können wir, noch „nomigere" Nomen machen. Aus Würfel wird dann:

Mette: „Würfeligkeit!"

Aus „Baum" wird z. B. „Baumerei".

Wir übererfüllen die Vorgaben der Grammatik und stellen gerade dadurch unser Können im Umgang mit dem „System Deutsche Sprache" unter Beweis.

Wodurch: Leitende Instanz hier ist das Spiel (II.1).

Spiel: Doppelkonsonanten

Wo: am Austauschtisch
Womit: Würfel, Notizheft
Wofür: „sich mit sprachlichen Strukturen auseinandersetzen" – „sprachliche Strukturen gezielt nutzen" – „orthographische Zweifelsfälle klären" – „individuelle Fehleraufmerksamkeit" – „Konsonanten" – „Vokale"

Ein Würfelgrammatikspiel für ruhige Tischarbeit mit drei Würfeln. Wir kombinieren zu einem Anfangsbuchstaben (Würfel 1 = groß, Würfel 2 = klein) ein gewürfeltes „bb", „tt", „ss", „mm", „pp", „ll", „ff", („dd") und „nn" und finden so ein typisches Doppelkonsonantenwort mit kurzem Hauptsilbenvokal, z. B.: Happen, Spinne ...

VORBEREITUNG

Wir bestücken Würfel 1 mit Anfangsbuchstaben, Würfel 2 mit „bb", „pp", „ss", „tt", „ff", „gg", „ll" usw.

ABLAUF

Laura hat durch Würfel 1 ein „S", mit Würfel 2 ein „pp" zugeteilt bekommen. Sie macht daraus das Wort „Suppe". Mette schreibt es auf. Dann tauschen die beiden.

Wodurch: Die leitende Instanz hier ist der Klang (II.6).

Übung: TÖRN Satzauflauf 1 – 49 – s. o. Runde sechzehn
Wir praktizieren die 49 TÖRN-Bewegungen.

Text: Textkindergarten – s. o. Runde zehn

Wo: am Austauschtisch
Womit: Notizheft, Textheft
Wofür: „Identität ausdrücken" – „Texte angemessen formulieren" – „Lesefertigkeiten entwickeln" – „orthographisch schreiben" – „Texte verfassen" – „Feedback zu Texten anderer formulieren" – „Texte überarbeiten" – „kritisch reflektieren" – „sich mit anderen zu Textwertungen austauschen" – „sich mit Texten auseinandersetzen"

IDEE AUF EINS

Kleine Schreibkonferenz unter dem Motto: „Der Text ist noch klein, er braucht eine Betreuung."

Wodurch: Der Hauptleitsatz hier lautet: „Wir bejahen Widersprüche" (III.9).

Alle: Wort- und Spiel-Parlament – s. o. Runde neun
Möglichkeit für Kritik und Verbesserungen. Die Beschlüsse werden in der Wort-und-Spiel-Chronik festgehalten.

19. Runde neunzehn – „Bald, bald ..."

Laut: „Blabb!" mit „V", „W" und „Th" – s. o. Runde eins
Wir machen vollmundige, gut gelaunte „Einzelwortmusik". Nebenbei vergleichen wir ausgesuchte Lautklänge mit ihren Schriftbildern.

1. „Vöglein" – 2. „verwursten" – 3. „vage" / „Waage" – 4. „verwittern" – 5. „the" (Englisch) – 6. „Watt" / „Volt" – 7. „Möwe" / „Möve" – 8. „Wirrwarr" – 9. „www." – 10. „vier" – 11. „Waffel" – 12. „vorbeiwehen"

Ritual leise: Bewegungs-TÖRN 1 – 49

Wo: im „Wachmach"
Womit: eigene Hände u. Arme, M10 TÖRN-Übersicht
Wofür: Begriffsbildung – Denken in Sprache – Wortschatz – Imagination – Erzähl-/Schreibstrategie – Satzbau

Wir wiederholen

- Dreh eins bis sieben / „Strömungen"
- Dreh acht bis 14 / „Richtungen"
- Dreh 15 bis 21 / „Tastungen"
- Dreh 22 bis 28 / „Griffe"
- Dreh 29 bis 35 / „Ordnungen"
- Dreh 36 bis 42 / „Formen/Bildungen"
- Dreh 43 bis 49 / „Zu-/Lassungen/Endungen"

Wodurch: Die Leitinstanz hier ist die Fantasie (II.5).

Foto 11: TÖRN – die Hand geht vor, die Sprache folgt nach

Stoff: „Wenn der Mops mit der Wurst ..."

Wo: in der Kreiskartoffel
Womit: Vortragsblatt M3
Wofür: kulturelle Teilhabe – „Texte verstehen" – „Texte mit Vorwissen verbinden" – „Verstehen und Nicht-Verstehen zum Ausdruck bringen" – „kritisch reflektieren" – „Wertungen zu Texten formulieren und begründen" – „Texte in Hinblick auf Themen vergleichen" – „sich mit anderen zu Textwertungen austauschen" – „Sprache und Sprachgebrauch untersuchen"

IDEE AUF EINS

Durch dosiertes, aber ritualisiertes Vorlesen, Zuhören und Reflektieren eine grundlegende Sprach-, Fühl- und Denkfreude entfalten. Gedichte in ihrer umfassenden Wirkung auf Geist und Seele selbstverständlich und individuell nahrhaft machen.

VORBEREITUNG FÜR DICH

Mach es dir angenehm. Such dir einen guten Ort, an dem du das Gedicht als Ganzes und mit allen Sinnen geistig-seelisch in dich aufnehmen willst.

„Wenn der Mops mit der Wurst ..." (unbekannt)

Wenn der Mops mit der Wurst übern Spucknapf springt und der Storch in der Luft den Frosch verschlingt.
Wenn der Storch mit dem Mops übern Spucknapf springt und der Frosch in der Luft die Wurst verschlingt.
Wenn der Mops mit dem Frosch übern Spucknapf springt und der Storch in der Luft die Wurst verschlingt.
Wenn der Frosch in der Luft übern Spucknapf springt und der Storch mit dem Mops die Wurst verschlingt.
Wenn der Mops mit dem Spucknapf übern Storch wegspringt und die Wurst in der Luft den Frosch verschlingt.
Wenn der Frosch mit der Wurst übern Spucknapf springt und der Storch in der Luft den Mops verschlingt.
Wenn die Luft mit dem Storch übern Spucknapf springt und der Frosch mit der Wurst den Mops verschlingt.
Wenn die Wurst mit dem Frosch übern Spucknapf springt und der Mops in der Luft den Storch verschlingt.
Wenn der Storch sich selbst in der Luft verschlingt und der Frosch mit dem Spucknapf übern Mops wegspringt.
Wenn der Mops in der Luft den Spucknapf schlingt
und der Storch mit der Wurst übern Frosch wegspringt.
Wenn der Storch übern Mops und die Wurst wegspringt und der Frosch im Spucknapf die Luft verschlingt.
Wenn der Frosch mit dem Mops in der Luft wegspringt und der Storch den Spucknapf mit der Wurst verschlingt.
Wenn der Spucknapf mit der Wurst übern Frosch wegspringt und der Storch in dem Mops die Luft verschlingt.
Wenn der Frosch in der Luft den Storch verschlingt
und die Wurst übern Spucknapf und den Mops wegspringt.
Wenn der Mops mit der Wurst übern Spucknapf springt und der Storch in der Luft den Frosch verschlingt.

(In: Halbey, Hans Adolf (Hrsg.) (1989): Schmurgelstein so herzbetrunken. München: Hanser, S.86 f.)

Wie auch immer dir persönlich der lyrische Text gefällt – spüre dem kurz nach: „Verbinde ich mich als Person mit ihm?" Was gefällt mir selbst an ihm, aber was vielleicht auch nicht?

VORBEREITUNG

Alle setzen sich bequem auf ihren Stuhl. Wer dadurch besser lauschen kann, darf gern den Kopf auf den Tisch legen.

ABLAUF

Du liest das Gedicht mehr als ein Mal vor. Erst wenn du signalisierst, dass dein Vortrag zu Ende ist, beginnen wir das Gespräch. Wichtig ist: Es geht um die persönliche Begegnung, es geht hier ausdrücklich nicht um stimmige Interpretation oder Analyse. Ihr habt die Uhr gestellt. Mehr als vier Minuten muss die Begegnung nicht dauern.

ICH, DU, ER, SIE, IHR, WIR ALLE

Weil das Gedicht kaum für alle gleich viel taugen kann: Haltet dennoch zusammen das Interesse für Poesie aufrecht. Ein Gedicht spannend oder uninteressant zu finden, darüber lohnt es sich auszutauschen. Für Gefallen gibt es Gründe.

Wodurch: Die leitende Instanz hier ist die Überlieferung (II.10)

Spiel: das oder dass?

Wofür: „sprachliche Vielfalt / sprachliche Strukturen gezielt nutzen" – „erzählen" – „informieren" – „argumentieren" – „diskutieren" – „erklären" – „Präsentation" – „orthographische Zweifelsfälle klären" – „individuelle Fehleraufmerksamkeit" – „Artikel" – „Konjunktion"

IDEE AUF EINS

Wörter mit neutralem Geschlecht werden in einem dass-Satz eingebaut. So wird der Unterschied zwischen dem Artikel und der Konjunktion deutlich.

VORBEREITUNG

Die Würfel bestücken wir so: Würfel 1 mit lauter „das"-Etiketten, Würfel 2 mit Anfangsbuchstaben.

TIPP: Mithilfe der TÖRN-Bewegungen lassen sich diese Sätze noch gut plastisch ausgestalten. Oder wo entsteht sonst so aus dem Handumdrehen eine solche eigenständige Szenerie:

Jalte: „Ich hab gesehen, dass sie das Blut, das sie mir abgenommen haben, selber trinken."

ABLAUF

Ohne aktives Mitdenken geht hier leicht das „das" und das „dass" durcheinander. Aber da wir das Thema sprecherisch fassen, entsteht eine gute Atmosphäre dabei.

Die interessantesten Sätze kommen ins Heft SCHÖN.

Wodurch: Die leitende Instanz hier ist das Denken (III.12).

Übung: TÖRN Satzauflauf 1 – 49

Wo: am Austauschtisch
Womit: eigene Hände, M10 TÖRN-Übersicht
Wofür: s. o. Runde sechzehn

Sophia und Clara wiederholen:

- Dreh eins bis sieben / „Strömungen"
- Dreh acht bis 14 / „Richtungen"
- Dreh 15 bis 21 / „Tastungen"
- Dreh 22 bis 28 / „Griffe"
- Dreh 29 bis 35 / „Mengungen"
- Dreh 36 bis 42 / „Ordnungen/Bildungen"
- Dreh 43 bis 49 / „Zu-/Lassungen/Endungen"

Übung: Wörterball

Wo: im „Wachmach"
Womit: eigene Füße + Notizheft
Wofür: „sprachliche / gestalterische Mittel sammeln" – „sich ausdrücken" – „sichere Worterkennung" – „Laut" – „Buchstabe" – „Silbe" – Feiern – Feier vorbereiten – auswendig lernen – Motivation – die anderen überraschen

IDEE AUF EINS

Die Lernerfahrungen aus den Rhythmusspielen in einem Wörterball bündeln, bekräftigen und vertiefen: Es entstehen zu den einzelnen Tänzen passende von mir so genannte „Kaskaden".

VORBEREITUNG

Gerade, wenn du in deiner Klasse einige Schüler:innen hast, die Deutsch als Zweitsprache erlernen, hast du anhand der hier vorgestellten Wörtertänze eine schöne gemeinschaftliche Lernplattform geschaffen. Denn auch für alle mit Deutsch als Mutter- und Vatersprache aufgewachsenen Schüler:innen sind die Wörtertänze wohl für alle neu und herausfordernd. So lernen hier gleichsam alle, genauer in die Wörter, in die Sprache hineinzuhören.

Zum Abschluss unserer Beschäftigung mit Wortbildung und Wörterrhythmen: Was für Geschichten lassen sich mithilfe der Tänze erzählen? Sophia und Clara haben sich für eine von mir sogenannte „Eiscafé"-„Kaskade" zwei verschiedene Schrittbewegungen überlegt. Und sie legen sich auch stimmlich ins Zeug, um ihre Miniatur zum Leben zu erwecken. Es muss ihnen völlig freigestellt sein, wie sie ihre Kaskade verwirklichen wollen. Nur dann können sie ihr lautlich-rhythmisches Sensorium für kleines Arrangement voll zum Einsatz bringen. Silbenzahl und Betonungsgesetze beschneiden ihren allgemeinen Wortschatz bereits stark und zwingen sie zur Konzentration. Umso schöner, wenn sie ihre arrangierten Wortfunde dann auch noch präsentieren: Christopher und Jalte unterstützen ihre „Mini-Schlägerei" durch Stimme und Choreographie – und jeder Wortfund zählt.

Christopher: „Rumstehen" – Jalte: „Rumpöbeln" – Christopher: „Schimpfworte" – Jalte: „Glasscherben" – Christopher: „Kinnhaken"...

Der Wörterball lässt die in den Wörtertänzen gesammelten Erfahrungen, Kenntnisse und Fähigkeiten in einem übergeordneten Rahmen zusammenkommen.

Waren die einzelnen Wörtertänze bislang nur selten miteinander in Berührung oder gar im Austausch miteinander, so darf nun mit den rhythmischen Mustern nach Herzenslust und je nach Einfall gespielt, kombiniert, variiert werden.

Eine Kaskade kann selbstverständlich auch zwei oder gar mehrere Wortrhythmustypen zum Erzählen einer Geschichte verwenden. Und wenn Mette, Raquel und Laura sich in den Kopf gesetzt haben, alle kennengelernten Formen in einer einzigen Kaskade vorkommen zu lassen, so darf die Klasse gespannt sein und sich ihrerseits darauf vorbereiten, sprich: Antworttexte schreiben und einstudieren, um den Wörterball zu einer Performance vieler mit Flow und Überraschungen zu machen.

Alles ist möglich: Geschichten aus Stammsilben erzählen oder Gedichte aus Walzerwörtern bilden, Strophen aus Ein-, Zwei- und Dreisilbern bauen, eine Langkaskade aus Kurzworten und existenziellem oder banalem Inhalt usw.

Zur Inspiration hier noch eine metrisch-rhythmische „Stretta":

- Roxanne: „Flammkuchen, Bubble-Gum, / Paprika, Zitronen, / Cola, Sirup, / Sandwich, Fisch!"
- Jalte: „Pfannkuchen, Lahmacun, Ananas, Limetten, Pudding, Apfel, Big Mac, Chips!"
- Samir: „Salzstangen, Fish and Chips, Haribo, Karotten, Kirsche, Pizza, Milchshake, Wurst!"

ABLAUF

Die entstandenen „Kaskaden" resümieren – die „fertiggeschriebenen" zum Feilen und Einstudieren an Kleingruppen verteilen – Termin für den Wörterball festlegen (am besten: im Rahmen des nächsten Sprachspielspektakels) – in Kleingruppen und einzeln weitere Kaskaden schreiben – nach Möglichkeit eine interaktive Kaskade verfassen, bei der das Publikum mit einstimmen kann – proben – Publikum einladen – am Tag selbst Raum herrichten – Wörterball feiern.

ICH, DU, ER, SIE, IHR, WIR ALLE

Bei überbordender Stimmung auf dem Wörterball aus dem Stegreif Texte improvisieren, einen Cypher bilden. Auch das Publikum mit einbeziehen. Wer in den Kreis der Umstehenden eintritt, liefert seinen Beitrag ab. Die Metren dürfen frei variiert werden. Jedes Wort mit Schwung und Verve einwerfen.

Wodurch: Der Hauptleitgedanke hier ist: „Sprechen muss mensch machen" (I.8).

Text: Vokabellied / Noch'n Wörterballgedicht

Wo: bei sich selbst
Womit: Notizheft
Wofür: „sprachliche Strukturen gezielt nutzen" – „erzählen" – „Präsentation" – „orthographische Zweifelsfälle klären" – „individuelle Fehleraufmerksamkeit" – „Silbe" – „Feedback zu Texten anderer formulieren" – „flüssig formulieren" – „Texte überarbeiten" – ästhetische Bildung

IDEE AUF EINS

Aus den gesammelten Erfahrungen und sensibilisiert durch viele Übemomente (angefangen bei „Blabb", über TÖRN, Wörtertänze, „Wir trippeln" ...) nun „wie ein Küchenteam" die Zutaten zusammenbringen und klingende, rhythmische „Wörtertexte" „kochen".

VORBEREITUNG

Bitte mache dir in deinem Nachdenksessel bewusst: Wörter können zu singen anfangen. Ihre Vokale, also ihre Laute A, E, I, O, U sind dafür zuständig. Die Wörter Riesen, Rosen und Rasen ähneln sich sehr stark. Was sie voneinander noch unterscheidet, das sind z. B. das „ie" in Riesen, das „o" in „Rosen" und das „a" in Rasen. Das Wort Riesenrosenrasen zusammengesetzt und ausgesprochen, fängt auf einmal an zu singen. Mit dieser Melodie der Wörter lässt sich spielen, auch wenn die Wörter sich nicht gar so sehr ähneln wie die drei oben genannten:

Sahne – Hammer – Anker – Auge – tauchen – fauchen

Auf diese Weise kann ich mehr Wörter miteinander reimen machen, als wenn ich nur volle Reime verwende: tauchen/fauchen = voller Reim; „Auge/tauchen = halber Reim. Ihr könntet z. B. Zettelhütten anlegen, in einer extra Schachtel zu einer Stadt anwachsen lassen. Die Zettelstadt nach einer Woche des Sammelns zum Reimbaugedicht umwandeln:

Tannen rauschen unter Sternen
Sahne augen munden eben.

Der Sinn der so entstehenden Texte darf gern etwas seltsam werden. Es geht eher darum, mit den Wörtern eine Art von Musik zu erzeugen:

Ankerbretter brechen runter / Dampferketten stechen drunter /
Plankenenden klemmen munter

Weil wir alles, was wir an Wörtern und Sätzen hören, auch immer gern verstehen wollen, kann sich öfters auch noch ein Sinn in ein Gedicht hineinschmuggeln, der am Anfang des Schreibprozesses noch nicht beabsichtigt war. Das eben gebrachte Beispiel könnte bedeuten, dass das Schiff sich in Seenot befindet. Das sprachliche Durcheinander lässt sich plötzlich erklären durch die Vorstellung, dass da ein Schiff in einen schweren Sturm geraten ist. Als Anregung: Sätze verschönern durch Vokabelmelodien:

Wir basteln „singende Sätze" mit klingenden Vokalen. „Ein Mairegen, schön wie die Tropfen nacheinander die Blätter hinunterplumpsen." Die Vokalmelodie zu diesem Satz lautet: ei-ai-e-e, ö-i-i-o-e-a-ei-a-e-i-ä-e i-u-e-u-e. Dementsprechend müssten auch die ganzen Wörter dieses Satzes einer schönen Melodie angehören.

ABLAUF

Wir sammeln in Tandems und Doppeltandems erlesene Vokabeln und Wörtertanzfunden und -favoriten. Wir beugen uns gemeinsam über unsere Sammlungen und unterstreichen mit Buntstiften, welche Wörter inhaltlich oder klanglich bzw. rhythmisch zusammengehören. Es müssen gar nicht alle einer Meinung sein. Viel wahrscheinlicher ist, dass Carlota eine andere Idee mit den Wörtern verfolgen wird als Gibran, Yaron oder Danylo. Das ist völlig in Ordnung.

In einem spontan zusammengerufenen „Textkindergarten" (s. o.) ermitteln wir die schönsten Ergebnisse, sagen „Du bist toll" zu deren Autor:innen und haben schon wieder etwas mehr Material für die Schulfestaufführung.

Wodurch: Der Hauptleitgedanke hier ist: „Sprache ist Nahrung, ist Ereignis (I.2)"...

Text: Textkindergarten – s. o. Runde zehn

Wir geben uns im Doppeltandem Rückmeldungen.

Lob: Heftkritik & Spielberatung – s. o. Runde fünf

Möglichkeit für Rückmeldungen deinerseits und Texteinreichungen seitens der Schüler:innen.

20. Runde zwanzig – „Glockenläuten!"

Laut: „Blabb!" mit „X", „Y" und „Z" – s. o. Runde eins
Wir machen vollmundige, gut gelaunte „Einzelwortmusik". Nebenbei vergleichen wir ausgesuchte Lautklänge mit ihren Schriftbildern.

1. „Labyrinth" – 2. „Xylophon" – 3. „zwischen" – 4. „Zagreb" – 5. „Pizza!" – 6. „Keks" – 7. „Benny & Larry" – 8. „Haxen" – 9. „zu" – 10. „Zell am See" – 11. „Zora" – 12. „Tricks"

Ritual laut: WörterBilderHoppla – s. o. Runde eins
Wir gebären bildkräftige Wörter mithilfe eines Balls.

Foto 12: Ball fangen, Einfall haben – Ball werfen, Antwort geben

Ritual leise: Bewegungs-TÖRN 1 – 49

Wo: im Wachmach
Womit: eigene Hände u. Arme
Wofür: „sich verständigen" – „erzählen" – „erklären" – Begriffsbildung – Denken in Sprache – Wortschatz – Imagination – Erzähl-/Schreibstrategie – Satzbau

Wir wiederholen
- Dreh eins bis sieben / „Strömungen"
- Dreh acht bis 14 / „Richtungen"
- Dreh 15 bis 21 / „Tastungen"
- Dreh 22 bis 28 / „Griffe"
- Dreh 29 bis 35 / „Mengungen"
- Dreh 36 bis 42 / „Ordnungen/Bildungen"
- Dreh 43 bis 49 / „Zu-/Lassungen/Endungen"

Stoff: Der junge Schiffer von Friedrich Hebbel

Wo: in der Kreiskartoffel
Womit: Vortragsblatt M3
Wofür: kulturelle Teilhabe – „Texte verstehen" – „Verstehen und Nicht-Verstehen zum Ausdruck bringen" – „kritisch reflektieren" – „Wertungen zu Texten formulieren und begründen"

Durch dosiertes, aber ritualisiertes Vorlesen, Zuhören und Reflektieren eine grundlegende Sprach-, Fühl- und Denkfreude entfalten. Gedichte in ihrer umfassenden Wirkung auf Geist und Seele selbstverständlich und individuell nahrhaft machen. IDEE AUF EINS

Mach es dir angenehm. Such dir einen guten Ort, an dem du das Gedicht geistig-seelisch in dich aufnehmen willst. VORBEREITUNG FÜR DICH

Der junge Schiffer (Friedrich Hebbel)

Dort bläht ein Schiff die Segel,
Frisch saust hinein der Wind;
Der Anker wird gelichtet,
Das Steuer flugs gerichtet,
Nun fliegts hinaus geschwind.

Ein kühner Wasservogel
Kreist grüßend um den Mast,
Die Sonne brennt herunter,
Manch Fischlein, blank und munter,
Umgaukelt keck den Gast.

Wär gern hineingesprungen,
Da draußen ist mein Reich!
Ich bin ja jung an Jahren,
Da ists mir nur ums Fahren,
Wohin? Das gilt mir gleich!

(In: Leitner, A. & Trinckler, G. (Hrsg.) (2015): Gedichte für Reisende. München: dtv, S. 40)

Wie auch immer dir persönlich der lyrische Text gefällt – spüre dem kurz nach: „Verbinde ich mich als Person mit ihm?" Was gefällt mir selbst an ihm, was vielleicht nicht?

Alle setzen sich bequem auf ihren Stuhl. Wer dadurch besser lauschen kann, darf gern den Kopf auf den Tisch legen. VORBEREITUNG IN DER KLASSE

Du liest das Gedicht mehr als ein Mal vor. Erst wenn du signalisierst, dass dein Vortrag zu Ende ist, beginnen wir das Gespräch. Wichtig ist: Es geht um die persönliche Begegnung und nicht um Analyse. Ihr habt die Uhr gestellt. Mehr als vier Minuten muss die Begegnung nicht dauern. ABLAUF

Ein Gedicht spannend oder uninteressant zu finden, darüber lohnt es sich auszutauschen. Für Gefallen gibt es Gründe. ICH, DU, ER, SIE, IHR, WIR ALLE

Wodurch: Die leitende Instanz hier ist die Überlieferung (II.10).

Spiel: Partizipien

Wo: an der Spiellinie
Wofür: sprachliche Verständigung, Vielfalt, Strukturen gezielt nutzen – „erklären" – „orthographische Zweifelsfälle klären" – „individuelle Fehleraufmerksamkeit" – „Partizip"

IDEE AUF EINS

Die Gleichzeitigkeit des Partizip 1 und die Vorzeitigkeit des Partizip 2 wird durch improvisierte Sätze anschaulich.

VORBEREITUNG

Du sprichst mit der Klasse über die Partizipien: über das Partizip 1 und seine Neigung, alles ins Hier und Jetzt zu übertragen. Und über das Partizip 2 und seinen Charakter, die Dinge als abgeschlossen zu benennen.

ABLAUF

Die Gruppe „Fenster" ruft der Reihe nach erst pro Mitschüler:in Formen von Partizip 1 auf die andere Seite. Dann wird gewechselt.

Yaron: „spielend" – Metehan: „Spielend lernen die Kinder sprechen. – Carlota: „Glucksend!" – Mette: „Glucksend steigt der Troll aus dem Nebel ..." Usw.

Partizip 2: Gruppe „Flur" ruft z. B. „geschenkt!" zur Gruppe „Fenster" hinüber. Ein Mitglied der Gruppe „Fenster" antwortet sofort: „Mein Opa hat mir eine Tasche geschenkt."

Wodurch: Die leitende Instanz hier ist das Spiel (II.1).

Übung: TÖRN Satzauflauf 1 – 49

Wir wiederholen

- Dreh eins bis sieben / „Strömungen"
- Dreh acht bis 14 / „Richtungen"
- Dreh 15 bis 21 / „Tastungen"
- Dreh 22 bis 28 / „Griffe"
- Dreh 29 bis 35 / „Wendungen"
- Dreh 36 bis 42 / „Ordnungen/Bildungen"
- Dreh 43 bis 49 / „Zu-/Lassungen/Endungen"

Text: Starke Gefühle, selbst gemacht

Wo: bei sich selbst + in der Kreiskartoffel
Womit: Stoppuhr, Notizheft, Schreibheft
Wofür: „Schreiben" – „Schreibfertigkeiten entwickeln" – „Feedback zu Texten anderer formulieren" – „flüssig formulieren" – Emotionen thematisieren und Befindlichkeiten im Spiel verbalisieren

IDEE AUF EINS

Wir tauchen für die fest umrissene Zeit von fünf oder sieben Minuten in ein zuvor frei ausgesuchtes Gefühl ein. Wir schreiben mithilfe dieses eingebildeten Gefühls einen „voll emotionalen" Text.

VORBEREITUNG FÜR DICH

Du sagst: „Sitzt du gut? Dann stell dir den Wecker. Ab jetzt bist du für fünf oder für sieben Minuten z. B. „schreckhaft". Alles, was du in diesen Minuten siehst, hörst, riechst, schmeckst, schreckt dich auf. Dadurch wirst du sehr wach für deine Umgebung, auch wenn die Panik nur eingebildet ist.

ABLAUF

Du merkst dir genau, wie sich das anfühlt und schreibst die spannendsten Einzelheiten auf, z. B.: „Eine Tasse auf dem Tisch – puh, wie tief es da hinunter geht!"

Geh in deiner Vorstellung in die Küche, wenn ein Mitglied deiner Familie gerade an das Fach mit den Süßigkeiten geht, um sich Schokolade zu holen. Es raschelt:

Du: „Was muss das für ein gefährliches Tier sein, das da im Blattwerk geraschelt hat?"

Nach ein paar Minuten schreckhaft sein stellt sich die Frage, wer du bist: Wer bist du, dass du so schreckhaft / albern / betulich bist?

VORBEREITUNG FÜR DIE KLASSE

Assistent Nikita stellt die Uhr für alle. Ihr sammelt „beliebte und gängige Gefühle" an der Tafel. Jede:r wählt ihr/sein Gefühl. Die Notizhefte liegen bereit. Los geht's!

Danylo will für kurze Zeit „total stolz" auf alles sein. Er lässt das Gefühl von „Ich bin toll!" (s. o.) in sich rund und voll werden. Dann greift er zum Stift und lässt den „Superstolz" in Worte eingehen:

Danylo: „Ich kann so wahnsinnig gut auf meinem Stuhl sitzen, ich kann es kaum selber fassen!" Usw.

Nach einer Runde Feedback im Tandem oder Doppeltandem können – auch im Hinblick auf euere Schuljahresabschlussvorstellung – ein paar Beispiele für starke Gefühle „mit Inbrunst" verlesen werden.

ICH, DU, ER, SIE, IHR, WIR ALLE

Gerade solche Gefühle, die Valentina sonst nie hat, kann sie jetzt erkunden.

Wodurch: Der Schlüssel hier ist das Vertrauen in das Geschehen (III.7).

Text: Textkindergarten – s. o. Runde zehn

Möglichkeit für Rückmeldungen unter den Schüler:innen.

Lob: Spielkritik & Heftberatung – s. o. Runde fünf

Möglichkeit für Rückmeldungen deinerseits und Texteinreichungen seitens der Klasse.

Show: Schulhausbühne frei!

Wo: am Austauschtisch, bei mir selbst, in der Schulaula
Womit: Hefte SCHNELL + SCHÖN
Wofür: „sprachliche / gestalterische Mittel sammeln" – „sich ausdrücken" – kulturelle Teilhabe – „sich mit anderen zu Textwertungen austauschen" – „sich verständigen" – „erzählen" – „Präsentation" – „vor anderen sprechen" – „Identität ausdrücken" – „gedanklich geordnet formulieren"

IDEE AUF EINS

Eine Auswahl aus den in Runde eins bis zwanzig kennengelernten und probierten Textformen nach eigenem Gusto und Fleiß auf der Bühne vortragen.

VORBEREITUNG

Danylo und Gibran holen ihre Notizhefte her und blättern sich, wie alle Tischtandems, durch ihre Notizhefte und schauen nach zwei Favoritentexten für ihren eigenen Vortrag. Welchen Text wollen sie zu zweit vortragen? Welche Texte haben im „Textkindergarten" gute Unterstützung erfahren? Welcher Text steht kurz vor seiner Vollendung und sollte noch ein Mal überformt werden? Danylo wählt die „Stadtverschönerung" aus Runde zwölf, sowie sein Vokabellied aus Runde neunzehn aus. Gibran nimmt seine Betrachtungen über das Wort „fluffig" („Wortlautleckerwissen") aus Runde fünfzehn nochmals her. Ihm genügt dieser eine Beitrag.

Die ausgesuchten Texte überarbeiten sie nochmals, indem sie ihr Textheft „SCHÖN" herholen und sich daranmachen, ihre Favoriten Satz für Satz noch einmal zu überdenken. Auch legen sie gemeinsam fest, wie Gibran Danylos Text ankündigen könnte und umgekehrt.

Zum Abschluss zieht die Klasse zur Schulaula um und inspiziert die Bühne. Jede:r sollte ein Mal dort zuvor gestanden haben, bevor es zur Show kommt. Die Teamleitungen und die Schiedsrichter:innen legen zuvor / am Vortag die Reihenfolge fest bzw. losen diese aus.

ABLAUF

Zur anberaumten Extrastunde entert die Klasse die Bühne der Aula. Es wird tandemweise zwischen den Teams gewechselt.

Wenn alle vorgetragen haben, kannst du als Klassenoberhaupt ein kollektives „Wir sind toll!" anberaumen.

ICH, DU, ER, SIE, IHR, WIR ALLE

Für Marko und Carlota stellt es eine große Leistung dar, sich mit eigenen Texten vor den anderen zu präsentieren. Es ist selbstverständlich, dass alle auf ihrem persönlichen Entwicklungsstand mit ihren Textbeiträgen durch Applaus gewürdigt werden.

Wodurch: Die Aktion folgt dem Grundsatz: „Was dich fordert, blockiert oder hindert, bringt dich weiter" (I.9).

Videos zum Orientieren, Vertiefen und Dranbleiben

Video 1,
Willkommen! (3:51 min):
Timo Brunke stellt sich vor (0:01 – 1:00 min), Vom Wesen des Spiels (1:00 ff.), Was es braucht (2:41 ff.)

Video 2
Ritual laut (5:55 min):
Sprechlust (0:01 – 1:07 min), „Blabb!" (1:08 – 2:01 min), Wort im Körper/ Rechtschreibung (4:27 min – 5:55)

Video 3
Ritual leise (7:40 min):
Hören (0:01 – 1:06 min), Sublimierung (1:23 – 2:35 min), Alle gucken – gucken alle? (4:00 – 4:58 min)

Video 4
Stoff (8:46 min):
Überliefern (0:01 – 0:50 min), Gedichte vertreten (1:10 – 2:07 min), Kreiskartoffel (4:14–4:56 min), Irritieren (4:57 – 5:52)

Video 5
Spiel (5:59 min):
Würfelspiele (0:01 – 0:53 min), Artikel würfeln Nomen (0:54 – 1:53 min), Wettkämpfchen (5:10 – 5:56 min)

Video 6
Erzählen (7:58 min):
Die langweiligste Geschichte a. Z. (0:41 – 2:11 min), Es war 1 x 1 … (2:11 – 3:10 min), Langweilig? (3:11 – 3:31 min)

Video 7
Text (6:23 min):
Wörtliche Beschleunigung (0:18 – 1:01 min), Wettkämpfchen (1:02 – 2:15 min)

Video 8
Wörtertänze (8:47 min):
Einführung (0:00 – 1:33min), Tänze (1:33 – 4:49 min), Wortarten (4:49 – 5:53 min), Idiomatik (5:53 – 6:56 min)

Video 9
TÖRN (9:18 min):
Die Welt in Händen (0:01 – 1:08 min), 49 Drehs (1:09 – 6:09 min), Bewegen/Formulieren/ Denken (6:09 – 6:69 min), Sätze verfeinern (7:56 min ff.)

Übersicht über das Downloadmaterial

Nr.	Material	Seite im Buch
M1	Sprechblätter zu „Blabb!"	13, 22, 25, 28, 32, 36, 39, 42, 45, 48, 51, 54, 57, 60, 62, 66, 69, 71, 73, 77
M2	Sammlung zu „Sprechen & machen"	22, 25, 28, 45, 48, 62
M3	Vortragsblätter für die Gedichte	16, 23, 25, 28, 29, 32, 37, 43, 46, 49, 52, 55, 58, 61, 66, 69, 70, 72, 74, 77
M4	Wettkämpfchenchronik (für die Spiele an der Spiellinie)	29, 38, 41, 44, 46, 59, 67, 70
M5	Sammlung zu „Minischicksal" (Runde acht, Spiel und Text)	43, 45
M6	Sammlung zu „Jens will immer bügeln" (Runde zwölf, Spiel)	55
M7	Sammlung zu den Wörtertänzen	32, 40, 62
M8	Sammlung zu „Verbenverhör auf Speed" (Runde sechzehn, Spiel)	67
M9	Skizze zu „Krümel & Berg" (Runde sechzehn, Übung)	68
M10	Übersicht zu TÖRN – alle Drehs	19, 22, 25, 28, 30, 32, 34, 36, 38, 40, 41, 43, 44, 45, 48, 50, 51, 54, 56, 58, 59, 61, 62, 64, 66, 68, 69, 70, 71, 73, 75, 77, 78
M11	Material 11 / M11 – „Wir sind schon da, wir sind schon dort. Grundlinien von Wort und Spiel. 36 Sätze." (Runden eins bis zwanzig)	jede Runde
M12	Ausführliche Videoübersicht	zu Seite 79